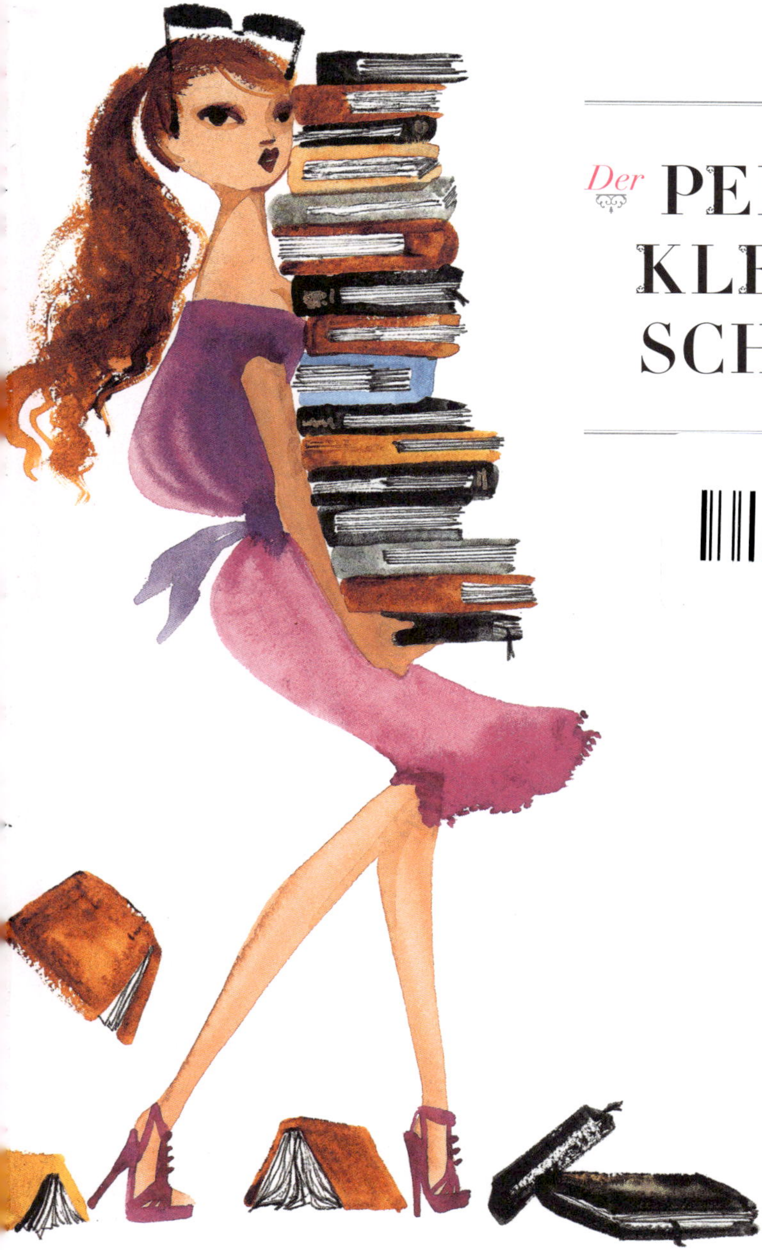

Der PERFEKTE KLEIDER-SCHRANK

Buch

Besitzen Sie Kleidungsstücke, in denen Sie immer toll aussehen? Oder auch ein paar Fehlkäufe? Ist Ihr Kleiderschrank voll, und trotzdem haben Sie nichts anzuziehen? Damit ist jetzt Schluss! Mode-Ikone Nina Garcia stellt die Top 100 der modischen Must-haves vor, charmant illustriert von Ruben Toledo: Ob Trenchcoat, kleines Schwarzes oder weiße Bluse – es gibt bestimmte Teile, die sind einfach unverzichtbar. Mit ihrer Stilbibel zeigt Nina Garcia, wie Sie aus den Fashion-Klassikern Ihren eigenen, unverwechselbaren Style entwickeln, damit Kleiderschrankkrisen der Vergangenheit angehören!

Autorin

Nina Garcia arbeitete viele Jahre als leitende Moderedakteurin bei »Elle« und »Marie Claire«. Derzeit ist sie Chefredakteurin der amerikanischen »Elle«. Außerdem sitzt sie neben Heidi Klum in der Jury der sehr erfolgreichen Serie »Project Runway«.

Illustrator

Ruben Toledo wurde 1961 in Havanna geboren und ist der Modewelt bekannt als großartiger Illustrator, Kritiker und Redakteur. Seine Modezeichnungen erschienen weltweit in »Vogue«, »Elle«, »Harper's Bazaar« sowie der »New York Times«.

Außerdem von Nina Garcia im Programm

Der perfekte Stil
Der perfekte Look
Der Styleguide

alle auch als E-Book erhältlich

NINA GARCIA

Der PERFEKTE KLEIDER-SCHRANK

Die 100 Style-Klassiker, die jede Frau braucht

Illustrationen von Ruben Toledo

Aus dem Amerikanischen
von Isabella Bruckmaier

GOLDMANN

Die amerikanische Originalausgabe erschien 2008 unter dem Titel »The One Hundred« bei Collins Living/Harper Collins Publishers, New York.

Dieses Buch ist auch als E-Book erhältlich.

Verlagsgruppe Random House FSC® N001967

1. Auflage
Vollständige Taschenbuchausgabe August 2018

Published by arrangement with Harper Collins Publishers, LLC.
Illustrationen: Ruben Toledo
Umschlag: Uno Werbeagentur, München, nach einem Entwurf von Eisele Grafik Design, München
Umschlagmotiv: Eisele Grafik Design
Redaktion: Franziska Köhler
Layout und Design: Shubani Sarkar
Satz: Uhl + Massopust, Aalen
Druck und Bindung: Grafisches Centrum Cuno, Calbe
Printed in Germany
KW · Herstellung: IH
ISBN 978-3-442-17764-6
www.goldmann-verlag.de

Besuchen Sie den Goldmann Verlag im Netz:

Raindrops on roses and whiskers on kittens
Bright copper kettles and warm woollen mittens
Brown paper packages tied up with strings
These are a few of my favourite things

»My Favorite Things«
Rodgers and Hammerstein,
aus *The Sound of Music*

Inhalt

M N O

P Q R

S

T U V

W Y Z

Vorwort

Wenn Sie in diesem Augenblick die Tür meines Wandschranks öffneten, was würden Sie dann sehen? Reihenweise Schuhe und Handtaschen. Stapelweise weiße T-Shirts von Hanes und schwarze Kaschmirpullis. Eine Reihe schwarzer Kleider und ein ganzes Fach nur für Denim. Und darüber würden Sie eine riesige, hässliche Abdeckplane sehen. Ich stecke gerade mitten in einer Wohnungsrenovierung, die eigentlich seit November hätte fertig sein sollen. Wir sprechen von November 2008. Jetzt ist März. März 2010. Mein Mann, mein Sohn und ich haben uns ein paar Blocks weiter in einer Wohnung verkrochen. Ab und zu sause ich zurück in mein altes Heim, um über Bauschutt und Staub hinweg zu meinem Wandschrank zu steigen, die Abdeckplane zu heben und mir ein oder zwei Teile zu schnappen.

In diesen Monaten bin ich bestimmt über hundert Mal zurückgerannt. Und bald wurde mir klar, dass ich jetzt die Antwort auf die Frage habe, die mir die Frauen ständig stellen: Was sind die Must-haves, ohne die es nicht geht? Nun, für mich sind das die Teile, derentwegen ich in die Wohnung zurückrenne, über Bauschutt und Staub steige – die Teile, ohne die zu leben *ich mir einfach nicht vorstellen kann.*

Und warum?

Weil diese Teile schon immer da waren. Sie haben mich durch so manche Saison und durch dick und dünn begleitet. Wenn der jeweils aktuelle Trend sich zu verabschieden beginnt, kann ich auf sie zurückgreifen. Jedes einzelne Stück hat mich getröstet, wenn ich nach einem schlechten Tag am Boden war, und jedes hat mein Selbstvertrauen neue Höhen erklimmen lassen, wenn ich mich nach einem guten Tag super fühlte. Jedes davon hat einen Platz in meinem Herzen. Jedes repräsentiert das Yin und Yang meines persönlichen Stils.

Einfach ausgedrückt, in diesen Stücken sehe ich einfach zeitlos gut angezogen aus. Und nichts fühlt sich besser an.

In meinen Jahren als Moderedakteurin habe ich viele Moden kommen und gehen sehen, aber ein paar Konstanten waren immer dabei. Einige halten sich ein, zwei Jahre (vielleicht auch ein paar Jahre mehr), aber sie kommen immer wieder. Die Farbe hat sich vielleicht geändert, das Material, der Designer oder die Marke, aber im Kern bilden die Stücke in diesem Buch das Rückgrat der Mode und sind mit etwas »redaktioneller Bearbeitung« der Maßstab für meinen Stil.

Doch ohne diese Bearbeitung geht es nicht.

Wer dieses Buch liest, muss sich darüber im Klaren sein, dass ich jedes einzelne Stück auf dieser Liste an *meinen* Stil, *meine* Figur, *meine* Persönlichkeit angepasst habe. Und hoffentlich machen Sie das auch. Dieses Buch soll Einkaufsliste oder -führer für die Teile sein, die jede Frau meiner Meinung nach in ihrem Schrank haben sollte. Es erhebt gewiss nicht den Anspruch, in Stein gehauen zu sein. So etwas wie eine *ultimative* Liste gibt es nicht, sie wäre nicht damit vereinbar, was Mode und Stil im Innersten ausmacht, und auch nicht mit dieser rebellischen Eigenwilligkeit einer wirklich stylischen Frau, die die Straße entlangläuft in diesem absolut unerwarteten Mix aus Farbe und Stoff. Stil ist auf gefährliche Weise unberechenbar. Mit diesem Buch wollte ich jeder Frau ein Bezugssystem an die Hand geben, um selbst nachzudenken und zu überlegen. Diese Liste ist ein Leitfaden, ein Barometer von Modeartikeln, die der Zeit sowie den Moden und Trends getrotzt haben.

Daher hoffe ich, dass Sie, wenn Sie die Liste meiner hundert Vorschläge für den perfekten Kleiderschrank in der Hand halten, mein Dogma beherzigen: **Stil ist vor allem ein Ausdruck Ihrer Persönlichkeit, und jedes Mal,**

wenn Sie sich anziehen, bringen Sie einen Teil Ihrer Persönlichkeit zur Geltung. Behalten Sie das beim Lesen dieses Buchs im Kopf, wenn Sie darüber nachdenken, was Ihren perfekten Kleiderschrank ausmachen könnte.

Wenn Sie also nicht jedes oder fast jedes Teil für *Ihren* ganz persönlichen Stil anpassen, machen Sie etwas falsch beim Spiel mit dem Stil und schaden sich. Sie sehen, wie auch immer man sich modisch oder stylisch positioniert, letztlich sind wir, was unseren Stil angeht, alle auf ein paar wenige modische Stücke angewiesen, unsere wahren Stützen. Diese hier sind meine Stützen. Und ich bin mir ziemlich sicher, viele davon könnten (und sollten!) auch die Ihren sein.

So, nachdem das geklärt wäre, komme ich nun zu meinen Vorschlägen für die unentbehrlichen hundert Kleidungsstücke und Accessoires: Vom A-Linien-Kleid zu Chucks, vom Cocktailring bis zum kleinen Schwarzen sind dies die Stücke, die den Test der Zeit bestanden haben. In meinen Augen wie in den Augen der Mode-Industrie, in der ich arbeite, die ich liebe und die mich inspiriert. Diese Stücke sind so persönlich, so eigen, wie eine Frau nur sein kann – dieses Buch zu lesen ist schließlich genauso, als ob Sie in meine Ankleide spazierten. Und wie jede Frau weiß: Den Kleiderschrank zu öffnen ist so, als vertraut man der besten Freundin die intimsten Geheimnisse an. Wer weiß, wie sie reagiert. Mit etwas Glück finden Sie dieses Buch genauso überraschend.

Und nun, meine Damen, geht es los.

Nina

P.S.: Wer mit den meisten Stilettos im Schrank stirbt, gewinnt.

… When the dog bites
When the bee stings
When I'm feeling sad
I simply remember my favourite things
And then I don't feel so bad

»My Favorite Things«
Rodgers and Hammerstein,
aus *The Sound of Music*

Die 100 WICHTIGSTEN DINGE,

DIE MAN FÜR EINEN PERFEKTEN KLEIDERSCHRANK BRAUCHT

1.
A-Linien-Kleid

Ein echtes A-Linien-Kleid ist oben schmaler und wird nach unten weiter, so wie der Buchstabe A. Daher auch der Name. Was Sie von einem A-Linien-Kleid haben? Ganz einfach: Es passt an den *besten* Tagen. Es passt an den *schlechtesten* Tagen. Es passt, wenn Sie nicht wissen, was Sie anziehen sollen. Es passt bei allen Gelegenheiten und bei jedem Wetter. *Und* es schmeichelt Ihrer Figur. Das ist wirklich eine Menge für so ein modisches Teil. Allerdings gibt's das nicht ganz umsonst. Dieses Kleid verlangt kühne Accessoires – tolle Schuhe und entsprechend der Jahreszeit vielleicht schicke blickdichte Strumpfhosen. Das war's dann aber auch. Es ist ein unkompliziertes Stück, und vielleicht war es deshalb ein Must-have in den sechziger Jahren, als Spaß und Freiheit mehr zählten als die im Jahrzehnt davor so geschätzte Formalität und Struktur.

Jedes It-Girl der sechziger Jahre hatte ein ganzes Arsenal dieser Kleider im Schrank hängen – Twiggy, Penelope Tree, Edie Sedgwick, Mary Quant, Jean Shrimpton. Sie alle waren die Kate Moss ihrer Zeit. Googelt man nach Bildern dieser Frauen, taucht unweigerlich ein Foto von ihnen in einem A-Linien-Kleid auf. Häufig einem in knalligem, grafischen Muster in kräftigen Farben, zu dem sie Stiefel oder flache Schuhe tragen. Die Accessoires sind stets umwerfend. Das war quasi die inoffizielle Uniform der sechziger Jahre, und dieses Kleid gehört aus dem einen simplen Grund in den Kleiderschrank jeder Frau: Es ist so verdammt vorteilhaft. Mit einem A-Linien-Kleid brauchen Sie sich beim Essen nicht mehr zurückzuhalten, meine Damen.

Bei einem guten A-Linien-Kleid fließt der Stoff über die vorgeblichen Problemzonen hinweg. Unabhängig vom Tag, der Jahreszeit oder dem Jahr – in einem A-Linien-Kleid fühlen Sie sich stets gut und modisch angezogen, und Sie sind es auch. Darin können Sie jederzeit mit Twiggy und Konsortinnen mithalten.

Die richtige Linie

- Ein schwarzes A-Linien-Kleid gehört »für den Fall der Fälle« in jeden Kleiderschrank. Falls Sie zu einer Dinnerparty eingeladen werden oder zu einem überraschenden Date und nur fünf Minuten Zeit haben, sich schick zu machen.
- Im Sommer sind Sandalen (Nummer 78) und im Winter kniehohe Stiefel (Nummer 49) perfekt dazu. Wahrlich ein Kleid für jede Jahreszeit.
- Sie lieben Kontraste? Tragen Sie blickdichte schwarze Strumpfhosen (Nummer 12) zu einem weißen A-Linien-Kleid. Ein jugendlich frischer, verspielter Look.
- Wer's gewagt mag, trägt zu einem knallbunten A-Linien-Kleid knallige Strumpfhosen wie ein echtes Mod-Girl aus den sechziger Jahren.

Mode-Einmaleins

Typ A

Christian Dior kreierte das A-Linien-Kleid 1955, indem er das extremere Trapezkleid Cristobal Balenciagas weiterentwickelte. Dior schnitt an den Seiten eine Menge Stoff weg und entwarf eine stromlinienförmigere Silhouette, die die Figur aber immer noch umspielte. In den fünfziger Jahren waren die Frauen enge, die Taille betonende Kleidung gewohnt, und das war die A-Linie nun so gar nicht. Zunächst lehnten sie diesen neuen Stil, die Form und das Ungezwungene, Informelle ab. Sie hatten schließlich nicht umsonst gefastet! In den sechziger Jahren jedoch, als die Mädels wild darauf waren, sich von den Zwängen der taillenbetonten Mode zu befreien, war die Zeit der A-Linie gekommen. Und als Frauen wie Twiggy und Jackie O. Fans wurden, hatte die A-Linie die Promiunterstützung, die sie brauchte, um sich ihren Platz in den Annalen der Mode-Industrie zu sichern.

Eine modische Frau benutzt die Mode, statt sich von der Mode benutzen zu lassen.

Mary Quant

2.
Abendkleid

Berühmten Frauen dabei zuzusehen, wie sie im Abendkleid über den roten Teppich schreiten, ist eine Art Volkssport geworden. Wir sitzen alle da und geben unseren Kommentar ab, kritisieren oder loben die Damen. Aber wenn es an uns ist, uns in Schale zu werfen – sprich ein Abendkleid anzuziehen –, packt uns nicht selten das blanke Entsetzen. Deshalb empfiehlt es sich, ein Abendkleid dann zu kaufen, wenn man es nicht braucht. Typischerweise durchkämmen wir die Läden nur dann nach einem Abendkleid, wenn wir eingeladen sind. Das berühmte und vermaledeite *Abendkleid-shoppen-unter-Druck*-Szenario. Nach ein paar Stunden quälerischer Suche gibt man sich in der Regel geschlagen und zu viel Geld aus für ein Kleid, das man gar nicht so toll findet.

Die klügeren Mädels gehen an keinem Ausverkauf vorbei, ohne nach heruntergesetzten Abendkleidern Ausschau zu halten. Und was gefällt, wird gekauft. Dabei spielt es keine Rolle, dass in nächster Zukunft keine Veranstaltung geplant ist, zu der sie es tragen könnten. Sie wissen, die Einladung wird kommen – und dann liegt das passende Kleid bereit.

Die klassischen Optionen für jede Figur:

- Trägerlos: Wenn Schultern und Arme Ihr Pluspunkt sind.
- Gerader Schnitt: Für die Großen und Schlanken.
- Bias Cut: Für die kurvige, weibliche Figur.
- Goddess: Für alle.

Die große Abendkleidsuche

- Greifen Sie zu einem Stoff fürs ganze Jahr: Chiffon, leichter Krepp oder leichte Seide sowie Satin.
- Vermeiden Sie Details, die schnell aus der Mode kommen. Üben Sie Zurückhaltung bei Perlen, Rüschen, Farben oder Mustern.
- Wählen Sie eine dunkle oder neutrale Farbe, die man immer wieder tragen kann. (Wechseln Sie nur jedes Mal die Accessoires.)
- Die schmeichelhafteste Lösung für die Figur: ein Bias Cut in Chiffon oder Satin. Dieser Schnitt folgt den Kurven und trägt sich leichter als ein gerader Schnitt.

Das Kleid einer Frau sollte wie ein Stacheldrahtzaun sein: zweckdienlich, ohne die Aussicht zu beeinträchtigen.

Sophia Loren

3.

Altes Band-T-Shirt

Es gibt kaum etwas Cooleres als ein altes, abgetragenes T-Shirt von einem Konzert der Stones, der Strokes, der Beatles, der Killers etc. Jedes Mädchen hat schon mal ein T-Shirt von seiner Lieblingsband (oder seinen Lieblingsbands) besessen und es zur Jeans oder zu einem schicken Anzug oder Kostüm getragen (dieser Mix aus High- und Low-Fashion ist – optisch gesehen – absolut fesselnd). Aber niemals, nie, nie, nicht sollte man ein T-Shirt einer Band tragen, die man nicht hört. Das ist so was von uncool. Wer mit einem T-Shirt von den Rolling Stones rumläuft, sollte den Text von »Satisfaction« auswendig können. Und wer wirklich Stil hat, hat sämtliche Songs der Band, deren T-Shirt er trägt, auf seinem iPod.

So lautet die Regel. Halten Sie sich dran … and rock on.

Mit der Band

- Am besten sind die T-Shirts, wenn man sie sich selbst beim Konzert gekauft hat. Mode mit Geschichte ist nun mal unschlagbar. Authentizität ist alles.
- eBay ist eine gute zweite Wahl (und da die besten Band-T-Shirts aus den sechziger und siebziger Jahren stammen, vielleicht die erste).

- Nicht zu vergessen: Secondhandläden. In L. A. gibt es in Melrose ganze Läden, die sich auf alte T-Shirts spezialisiert haben. In NYC hat What Goes Around Comes Around eine gute Abteilung. Und ich bin sicher, auch der Secondhandladen bei Ihnen um die Ecke hat jede Menge T-Shirts. Wenn Sie Glück haben, finden Sie immer mal wieder ein Original. Shop on.

4.

Animalprints

Die wirklich Modebewussten sind stets verwegen und niemals langweilig. Sie sind bereit, mit den Leoparden zu rennen, mit den Tigern und Zebras. Und unser urbanes Leben in Großstädten wie New York, Miami, Chicago oder L. A. ähnelt ohnehin immer mehr dem Leben in den Dschungeln und Savannen Afrikas oder Südamerikas. Wir sind Wilde! Und das müssen wir manchmal auch ein wenig zeigen.

Ein Animalprint-Accessoire ist eine Möglichkeit, etwas Feuer aufblitzen zu lassen. Ein etwas gefährlicheres Element in einem ansonsten klassischen Outfit, mit dem Sie die Welt warnen, sich nicht täuschen zu lassen. Ein Leopardenkleid dagegen ist eine klare Aussage. Damit weiß jeder sofort, dass er kein Mauerblümchen vor sich hat, sondern eine Frau, mit der man rechnen muss. Allerdings können Animalprints schnell abgeschmackt wirken. Der Grat zwischen Chic und Kitsch ist schmal. Denken Sie daran, wenn Sie der Welt Ihre wilde Seite zeigen wollen.

Warum immer nur schwarz, schwarz, schwarz? Mode soll Spaß machen und eine Frau ins Rampenlicht stellen. Dazu gehört ein klein wenig Risiko, ja?

Roberto Cavalli

Willkommen im Dschungel

So bleiben Sie cool:

- Ein Animalprint mit Stammbaum (wie Dolce & Gabbana oder YSL) ist die beste Versicherung gegen den schrillen Look, den man manchmal mit Animalprints verbindet. Es gibt Teile, bei denen man sparen kann, Animalprints gehören nicht dazu.
- Tragen Sie immer nur ein getigertes oder wild geflecktes Teil. Zu viel davon, und Sie sehen aus wie ein modischer Kaminvorleger.
- Alles andere halten Sie am besten einfach oder, besser noch, streng. Kombinieren Sie den Animalprint mit neutralen Farben (schwarz, weiß, beige, khaki). Halten Sie den Rest klassisch, dann wirkt das Muster von ganz allein.
- Denken Sie beim Shoppen daran: Bei einem guten Animalprint sind die Farben gedeckt (niemals pink oder blau oder gelb!). Weniger ist mehr, aber ganz ohne bringt Sie auch nicht weiter!

5.

Armreifen

Die jungen, coolen Models tragen zu ihren T-Shirts und Chucks witzige, bunte Armreifen aus Plastik. Schauspielerinnen wappnen sich für den roten Teppich gerne mit unzähligen dünnen Goldreifen. Und die It-Girls stehen auf den funky Ethno-Stil – Reifen aus Indien und Afrika. Mit Armbändern kann eine Frau die verschiedensten Styles durchprobieren. Es gibt sie aus teuren und billigen Materialien gefertigt. Man findet sie in den großen Luxuskaufhäusern und am Straßenstand, in ausgesprochen einfacher oder sehr aufwendiger Ausführung. Bunt und knallig oder klassisch und traditionell. Das hängt ganz von Ihrem Stil ab. Probieren Sie's aus – mixen Sie Holz und Silber. Finden Sie heraus, was am besten zu Ihnen passt und Ihren stylischen Auftritt am klirrendsten ankündigt.

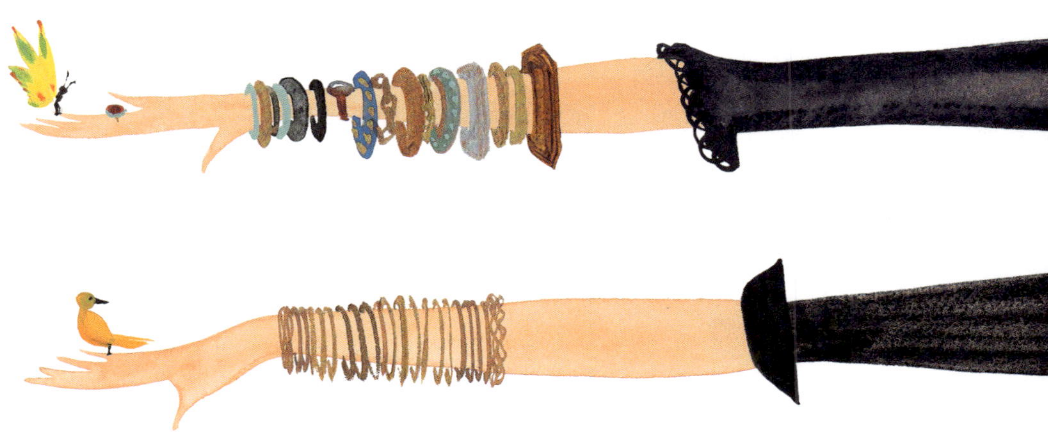

Insidertipps: **Meine Lieblingsstücke**

- Seltene Bakelitarmreifen vom Flohmarkt: Bakelit ist ein sehr seltenes und sehr schönes Material aus den zwanziger und dreißiger Jahren, das leider nicht mehr hergestellt wird. Halten Sie Ausschau nach dem Designer Mark Davis, der aus altem Bakelit neue Armreifen macht. Und stöbern Sie auf Flohmärkten und in schicken Secondhandläden.
- Hermès-Email-Armreifen: Die Ikone unter den Armreifen. Es gibt sie in den verschiedensten Designs. Bunt gemischt sind sie einfach großartig.
- Alexis Bittar: Dieser Designer macht wunderschöne Armreifen aus Acrylglas.

Armschmuck

- Für die Mutigen: Tragen Sie vom Ellbogen bis zum Handgelenk breite Armreifen, so wie Nancy Cunard es vorgemacht hat. (Googeln Sie: *Nancy Cunard in bangles*. Von diesen Fotos werden Sie nicht enttäuscht sein.)
- Für etwas mehr Glamour: Tragen Sie schmale, achtzehnkarätige Goldreifen à la Caroline Herrera, die bekannt dafür ist, sie mindestens im Zehnerpack zu tragen. Nehmen Sie wenigstens sechs, weniger geht nicht. Wenn Sie wollen, können Sie ja ein paar billigere daruntermischen. Vintage passt hier wunderbar.
- Für etwas mehr Spaß: Halten Sie auf Flohmärkten Ausschau nach Bakelitarmreifen in seltsamen Farben oder nach billigen indischen Armreifen.
- Wenn's glitzern und funkeln soll: Schmale Armreifen mit Diamanten in Pavé-Fassung besetzt sorgen für Spaß und sprühen Funken.

Mode-Einmaleins

Bakelitarmreifen

Bakelit ist ein sehr seltenes Material, das nicht mehr hergestellt wird. Es war der Vorläufer von Plastik, beinahe unzerstörbar und wunderbar geeignet, um andere Materialien (Elfenbein, Schildpatt, Koralle) nachzubilden. Dazu konnte es praktisch in jeder Farbe eingefärbt werden. Es wurde von den zwanziger Jahren bis in die fünfziger verwendet. Vom Telefon über Radios bis hin zu Knöpfen und Modeschmuck wurde alles Mögliche daraus hergestellt. Bakelitschmuck wurde in den Zwanzigern beliebt, und er stieg noch weiter im Ansehen, als die Wirtschaftskrise kein Ende nahm und sich niemand mehr teuren Schmuck leisten konnte. Die Frauen trugen farbenprächtige Bakelitarmreifen, um etwas Spaß und Farbe in eine ansonsten triste Zeit zu bringen. Ikonen wie Diana Vreeland und Elsa Schiaparelli liebten diese Armreifen und trugen mit zu ihrer Popularität bei. Mit Beginn des Zweiten Weltkrieges wurde die Herstellung von Bakelit eingestellt, man benötigte die Fabriken für die Kriegsproduktion. Doch als der Krieg vorbei war, gab es billigeres Plastik, und man stellte immer weniger Bakelit her. Das goldene Zeitalter des Bakelits war vorbei. Heute ist Modeschmuck aus Bakelit bei Sammlern sehr begehrt.

Zu den gesuchtesten Farben gehören:

- **Butterscotch**, ein goldenes Gelb, das nur in den dreißiger Jahren hergestellt wurde.
- **»End of Day«**, eine Mischung aus drei oder mehr kontrastierenden Farben, die am Ende des Tages aus den Resten zusammengemischt wurde.
- **Stardust**, durchsichtig mit goldenen Einsprengseln, verschwand nach den dreißiger Jahren.

Das noch nie da gewesene, unvergessliche, ultimative Accessoire kündigt Ihre Ankunft an und verlängert Ihren Abschied.

Coco Chanel

6.
Ballerinas

Die Verwandlungskraft von High Heels werden Ballerinas nie erreichen. Ballerinas sind auf ihre eigene Art chic und zeitlos. Sie sind einfach und elegant und gehören zu den wenigen flachen Schuhen, die der Modezirkus akzeptiert und verehrt. Und sie sind bequem! Ob die Sexikone Brigitte Bardot oder die untadelige Audrey Hepburn und jedes Hollywoodsternchen dazwischen – den Ballerinas mangelte es nie an berühmten Fans, und sie sind *die* Schuhe für die wenigen Gelegenheiten, in denen High Heels nicht in Frage kommen. Aber wenn frau ausgeht, kommen die flachen Schuhe besser in die Tasche. Wer Stil hat, weiß schließlich, dass die Absätze höher werden, wenn die Sonne untergeht. Und die Gesetze der Schwerkraft lehren uns, dass alles wieder runter muss. Und dann ist es gut, wenn man Ballerinas parat hat.

Die einzige Sünde ist die Mittelmäßigkeit.

Martha Graham

An die Stange, Mädels

- Repetto ist das klassische französische Original, es gibt aber viele gute Versionen von anderen Firmen. Richtig schicke Ballerinas finden Sie bei Chanel (gerne mit einer schwarzen Zehenkappe) oder Lanvin. Wer nicht ganz so viel Geld ausgeben möchte, kann sich bei Zara, J. Crew, Tory Burch oder H&M umsehen.
- Mit schwarzen Ballerinas machen Sie zwar nie was verkehrt, aber warum nicht mal was Witziges ausprobieren? Wie wär's mit einer knalligen Farbe, einem auffälligen Leder oder einem kräftigen Muster?

Mode-Einmaleins

Prima Ballerina

Bevor sie Schauspielerin, Sexpüppchen und Mode-Ikone wurde, war Brigitte Bardot eine ausgebildete Balletttänzerin. Und ein treuer Fan von Repetto-Ballettschuhen. Als die Bardot 1956 in Roger Vadims Film *Und immer lockt das Weib* die Hauptrolle spielte, bat sie Rose Repetto um ein Paar flache Schuhe, die sie während der berühmten Mamboszene tragen wollte. Mme. Repetto fertigte in ihrem winzigen Ladengeschäft in der Rue de la Paix ein tiefrotes Paar flache Schuhe für die Bardot, von dem die Schauspielerin sofort begeistert war. Als der Film in die Kinos kam, wurden die Bardot und die Ballerinas über Nacht berühmt. Ein Jahr später, als die Hepburn in Ballerinas schlüpfte für die Tanzszene in *Ein süßer Fratz*, fanden sie wieder den Weg von der Leinwand auf die Straße. Heute, über fünfzig Jahre später, lassen Ballerinas noch immer jedes Mädchenherz höherschlagen.

7.

Bettelarmband

Ein Bettelarmband, bei dem sich Anhänger an Anhänger und Erinnerung an Erinnerung reiht, kann das kostbarste Schmuckstück in Ihrer Sammlung sein. Inzwischen haben sich die Designer der Bettelarmbänder angenommen, und es gibt fertige zu kaufen, aber die schönsten Exemplare sind nach wie vor die selbst gemachten, in denen sich Ihre ganze Kreativität spiegelt. Im Lauf der Jahre werden die Anhänger mehr, und jeder hat seine Bedeutung, symbolisiert ein wichtiges Ereignis oder steht für eine Erinnerung. Dieses Armband ist wie ein Tagebuch, das man am Handgelenk trägt oder in der Schmuckkassette verwahrt, bis der Tag kommt, es weiterzugeben. Das Wunderbare an diesen Bettelarmbändern ist, dass es Sie, wenn Sie älter sind, an diese Momente in Ihrem Leben erinnert und Sie Ihren Kindern und Enkelkindern erzählen können, was die einzelnen Anhänger bedeuten.

Bettelarm

- Ein Bettelarmband ist ein ganz persönliches Schmuckstück. Wann Sie zu sammeln anfangen, spielt letztlich keine Rolle. Viele beginnen, wenn sie eine entscheidende Wegmarke erreicht haben – zum Schulabschluss, zum Studienbeginn, der Hochzeit oder bei der Geburt des ersten Kindes –, um sich immer an diese entscheidenden Jahre zu erinnern.
- Vielleicht sollten Sie sich mehrere Bettelarmbänder zulegen, jedes mit einem anderen Motto. Oder Sie bleiben bei einem Armband und sammeln Ihre Anhänger in aller Ruhe.
- Ein Bettelarmband ist ein wunderbares Geschenk. Ob Sie ein fix und fertig behängtes Armband verschenken oder ein Armband mit wenigen Anhängern für den Anfang, bleibt Ihnen überlassen.
- Suchen Sie in Secondhandläden. Der Look ist authentischer, wenn sich alte und neue Anhänger abwechseln. Nur keine Langeweile aufkommen lassen!

Mode-Einmaleins

Zauberhaft

Bettelarmbänder gab es bereits im alten Ägypten. Damals trug man sie zur Abwehr böser Geister und als Statussymbol. Vor allem aber dienten sie als eine Art Ausweismarke, die den Göttern helfen sollte, den Träger im Jenseits gemäß seinem Stand zu platzieren und ihm seine Besitztümer wiederzugeben. Betrachten Sie Ihr Bettelarmband also als Bordkarte fürs Jenseits.

Bettelarmbänder, die ich gerne sehen würde:

- **Marlene Dietrich:** Sie hatte eines mit Pokerchips, die ihr Frank Sinatra gegeben hatte. Und eines mit religiösen Anhängern und Glücksbringern – sie war überzeugt davon, dass es sie vor einem Flugzeugabsturz bewahren würde.
- **Elizabeth Taylor:** Sie hatte viele davon – an einem hingen nur herzförmige Anhänger, die ihre Liebe für ihre Kinder und Freunde symbolisierten ... und für ihre Ehemänner.
- **Mrs. Walt Disney:** Besaß ein Bettelarmband von Walt mit 22 Miniatur-Oscars – Symbole für die Oscars, die er gewonnen hatte.

Insidertipps: **Meine Lieblingsstücke**

- Doyle & Doyle: Ein Juwelierladen in der Lower East Side Manhattans mit handverlesenen alten Schmuckstücken zu vernünftigen Preisen.
- C.H.A.R.M.: Ein riesiges Angebot an Anhängern im Vintage-Stil. Hier finden Sie für jede Lebensphase ein Stück, das zu Ihnen passt.
- Louis Vuitton Charm Bracelets: LV hat das Bettelarmband in die Haute Couture gehievt. Die Anhänger kreisen um das Thema Reisen und sind nicht gerade billig, aber hinreißend.

Von allen Gentlemen sind mir die Amerikaner die liebsten, denn so gut man sich bei einem Handkuss auch fühlt, ein Armband mit Diamanten und Saphiren hält ewig.

Anita Loos

8.
Biker Boots

In den sechziger Jahren begannen Frauen Biker Boots zu tragen – eine offene Auflehnung gegen das restriktive Frauenbild der fünfziger Jahre. Biker Boots standen für Stärke und Power, genau das, wofür Frauen damals kämpften. High Heels mussten diesen klobigen Stiefeln Platz machen. Jede Frau schien ein Paar davon zu haben. Sie waren so allgegenwärtig, dass das Smithsonian Institute bei seiner Suche nach den Ikonen der sechziger Jahre auch ein Paar Biker Boots auswählte. Und vielleicht hat es ja damit zu tun, dass wir Frauen diese Kraft und Power nicht loslassen wollten und uns deshalb bis heute nicht von diesen klobigen Stiefeln getrennt haben. Auf den ersten Blick scheinen sie nichts mit Mode zu tun zu haben. Aber Biker Boots stehen für einen Teil unserer Persönlichkeit, der nicht immer nur fragil und feminin sein will – manchmal möchten wir einfach megacool sein. Und das hat sehr wohl etwas mit Mode zu tun.

Frye-Girl

- Je älter und abgenutzter sie sind, umso besser.
- Tragen Sie sie mit Jeans, die Sie in die Stiefel stopfen. Oder mit einem Kleid und einem Boyfriend-Cardigan (siehe Nummer 13).

Die Frye Company kann auf eine lange und glänzende Geschichte zurückblicken. Sie wurde 1863 gegründet und ist der älteste, ununterbrochen produzierende Schuhhersteller in den Vereinigten Staaten. Frye Boots wurden von Soldaten auf beiden Seiten des amerikanischen Bürgerkriegs getragen, von den Pionieren, die Ende des neunzehnten Jahrhunderts nach Westen zogen, und von Teddy Roosevelt, General Patton und Soldaten des Ersten und Zweiten Weltkriegs. Diese Stiefel sind absolut funktional und wurden erst in den sechziger Jahren zu einem Mode-Item.

9.

Bikini

Beim Bikini kommt es vor allem auf eins an: Selbstvertrauen. Die Frau, die im Bikini am umwerfendsten aussieht, ist nicht immer die mit der perfekten Figur, sondern die mit dem perfekten Überblick, die weiß: Wenn man das Glück hat, an einem Pool oder am Meer zu sein, sollte man sich nicht den Kopf über seine Figur zerbrechen. Denn das ist nun ganz und gar nicht stylisch.

Nachdem das geklärt ist, auf zum Bikinikauf. Vergessen Sie dabei eines nicht: Die Spiegel in den Umkleidekabinen irren sich immer, und das Licht passt nie. Eine schlimme Sache, und deshalb sollten Sie sich nie ohne Ihre beste Freundin oder Ihre Schwester hineinwagen. So können Sie sich gegenseitig daran erinnern, dass Sie gut gebräunt fantastisch aussehen werden.

Badenixen

- Halten Sie sich an klare, einfache Farben (schwarz, marineblau, grau, schokoladenbraun, weiß). Überlassen Sie die wilden Muster und verrückten Farben den Fünfzehnjährigen.
- Je knapper, desto besser. Ein zu locker sitzender Bikini bauscht, vor allem am Po. Und wenn er nass nach unten hängt, sieht das tödlich aus. Probieren Sie alle Bikinis durch, mischen Sie Ober- und Unterteile und halten Sie sich an keine Regel. Bikini-Time ist Bikini-Time. Damit ist alles gesagt.

Insidertipps: Meine Lieblingsstücke

Eine Reihe von Designern weiß, was einen wirklich tollen Badeanzug ausmacht. Der Unterschied liegt in der Qualität des Lycra (es ist dick und haltbar), den satten Farben und der exzellenten Hardware. Achten Sie beim Kauf darauf. Hier meine Lieblingsdesigner:

- Onda de Mar
- Rosa Chá
- Eres
- Ralph Lauren
- Tomas Maier

Mode-Einmaleins

Was ein Name verrät

Der Bikini heißt Bikini, weil er für Aufsehen sorgte, als die Atomtests im Bikini-Atoll begannen. Die französischen Erfinder des Bikinis, der Ingenieur Louis Réard und der Designer Jacques Heim, tauften ihre Kreation Bikini, da sie mit explosiven Reaktionen rechneten. Schlaue Kerle, sie behielten recht.

Großartige Bikinimomente

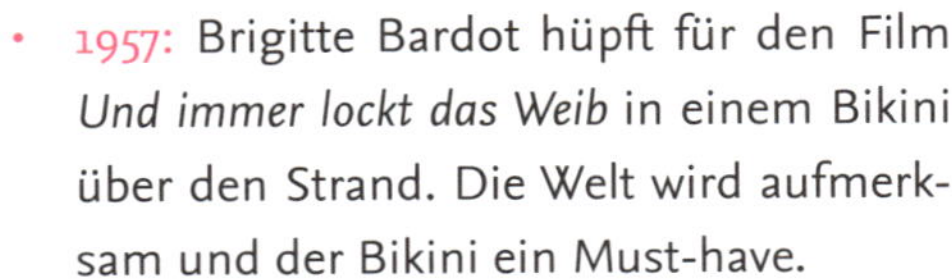

- 1957: Brigitte Bardot hüpft für den Film *Und immer lockt das Weib* in einem Bikini über den Strand. Die Welt wird aufmerksam und der Bikini ein Must-have.
- 1960: Der Song »Itsy Bitsy Teeny Weenie Yellow Polkadot Bikini« hat Premiere. Die Verkaufszahlen für den Bikini gehen durch die Decke.
- 1962: Ursula Andress trägt in dem James-Bond-Film *Dr. No* einen weißen Bikini mit Gürtel. Die Welt hält den Atem an.
- 1964: In Europa wird der Monokini (Unterteil bleibt, Oberteil schenkt man sich) eingeführt. Der Vatikan ist dagegen. Die Amerikaner rufen im Reisebüro an.
- 1982: Phoebe Cates taucht in *Ich glaub', ich steh' im Wald* in einem roten Bikini aus dem Wasser auf. Die Jungs drücken auf »zurückspulen«. Wieder und wieder.
- 1983: Carrie Fisher trägt in *Star Wars: Die Rückkehr der Jedi-Ritter* einen goldenen Bikini. Die Jungs drücken auf »zurückspulen«. Wieder und wieder.
- 2002: Halle Berry trägt in dem James-Bond-Film *Stirb an einem anderen Tag* einen orangefarbenen Bikini mit Gürtel. Wieder hält die Welt den Atem an …

10.
Blazer

Die Jacke, die sich die Mädels ungeniert von den Jungs geklaut haben und die bei ihnen – wie so oft – so viel mehr hermacht. Frauen tragen Blazer mit schmalen weißen Hosen oder zum kleinen Schwarzen. Wir tragen ihn zur schwarzen Röhrenjeans oder Khakihose (googeln Sie *Balenciaga Fall* 2007). Meistens tragen die Mädels dazu Heels statt Halbschuhe. Das Schöne am Blazer ist nun mal, dass er den Tango tanzt zwischen maskulin und feminin, zwischen formal und lässig, zwischen brav und trendy, smart und sexy. Er lässt sich nicht festlegen, und darin liegt sein Charme. Chic und nicht ganz so konform sind weit geschnittene Blazer und Blazer in Übergrößen (googeln Sie *Ann Demeulemeester*) oder extrem knappe (finden Sie in der Jungenabteilung von Brooks Brothers). Wunderbar für einen dramatischen, modischen Look.

Maßgeschneidert

Entscheidend beim Blazer sind die Details. Sie müssen wie maßgeschneidert zu Ihnen passen.

- Die Knöpfe: Es sollten richtige Knöpfe mit richtigen Knopflöchern sein. Daran erkennt man die Qualität eines Blazers.
- Die Ärmel: Bedecken bei einem zeitlosen, klassischen Blazer das Handgelenk. Wer es gerne einen Tick trendiger hätte, kann einen Fingerbreit zufügen oder einen Blazer mit Dreiviertelärmel wählen.
- Die Schultern: Sollten klar und gerade geschnitten sein. Die Naht zwischen Arm und Rumpf sollte außen an der Schulter verlaufen.
- Die Vorderseite: Sollte zugeknöpft glatt fallen. Sie knöpfen Ihren Blazer nie zu? Achten Sie dennoch beim Kauf darauf, dass er vorn nirgends ausbeult oder spannt, wenn er zugeknöpft ist. (Und auch an allen anderen Stellen sollte nichts ausbeulen oder spannen.)
- Die Länge: Das ist eine Frage des persönlichen Geschmacks. Der klassische Blazer bedeckt die Hüfte, aber ein Blazer kann auch länger oder kürzer sein. Es kommt auf Ihren Stil an.
- Der entscheidende Test: Heben Sie beim Schneider/beim Kauf die Hände über den Kopf, strecken Sie sie nach vorn etc. Der Blazer sollte jede Bewegung mitmachen und weder spannen noch ausbeulen.

11.
Bleistiftrock

Bei Bleistiftrock denkt man sofort an eine Femme fatale – die fatalste, die der Film noir zu bieten hat. Der Bleistiftrock hat was von Macht und eine ungemeine Raffinesse. Aber da ist auch eine unterschwellige Sexualität zu spüren – er bringt es zuwege, die Beine zu zeigen, ohne dass man sie sieht. Eine Illusion! Er ist feminin und zugleich voller Power – und feminine Power ist das Beste, womit ein Rock aufwarten kann. Jede Frau mit Grips und Stil weiß um diese Kombination. Sie schreitet selbstbewusst aus in ihren High Heels und tut so, als sei sie sich der Wogen nicht bewusst, die ihr Bleistiftrock aufwühlt.

Kleider machen zwar nicht die Frau,
aber ihr Einfluss auf das Selbstwertgefühl
ist nicht zu unterschätzen –
und das, glaube ich, macht die Frau.

Mary Kay Ash

Mit spitzem Bleistift

- Der Rock sollte knapp unter oder über dem Knie enden.
- Am schmeichelhaftesten ist die Kombination mit himmelhohen High Heels.
- Eng anliegend ist hervorragend, aber bitte nicht zu eng anliegend.
- Mit einem Schlitz läuft und sitzt es sich leichter. Achten Sie auf diese Details.
- Etwas Stretch im Stoff erhöht den Tragekomfort ungemein.

12.

Blickdichte schwarze Strumpfhosen

In den sechziger Jahren, als Miniröcke und -kleider sowie Edie Sedgwick die Straßen unsicher machten, gehörten blickdichte schwarze Strumpfhosen zum Straßenbild. Edie kombinierte sie zu allem: zu Shiftkleidern, überlangen T-Shirts, ihren geliebten Leotards. Sie zeigte der Welt, wie man ein bisschen simples Beinkleid zum Inbegriff der Hipness macht. Und die anderen Mod Girls taten es ihr nach und trugen diese Strumpfhosen zu den kürzesten Röcken, was auch bei ihnen stets stylisch und nie skandalös aussah. Das mit den blickdichten schwarzen Beinen begann vielleicht in den sechziger Jahren, aber der Trend marschierte durch jedes Jahrzehnt. Nicht nur, weil er jedem Outfit den gewissen Pfiff verleiht, sondern auch, weil er die Beine auf wundersame Weise länger und schlanker macht.

Übrigens

Die Dichte der Strümpfe misst man in Denier. Je mehr Denier, desto blickdichter sind sie. Das Dünnste, was es an Denier gibt, ist 5, das Dichteste 80.

Tipp: Probieren Sie gerippte Strumpfhosen, die Beine wirken noch länger.

Hoch das Bein

- Kombinieren Sie schwarze Strümpfe zu schwarzen Wildlederstiefeln oder schwarzen Heels. So sieht das Auge nur eine durchgehende schwarze Linie.
- Setzen Sie auf Kontraste: Schwarze Beine zum weißen Kleid, und der Poplook ist perfekt.
- Wenn ein Rock problematisch kurz ist, wird er durch schwarze Strumpfhosen modisch kurz.
- Knausern Sie nicht beim Preis. Sie möchten nicht, dass die Haut durch die Strümpfe durchscheint und sie knubbelig oder fleckig wirkt – das würde den ganzen Look ruinieren!
- Gelegentlich sieht man, dass ein Mädchen ihre schwarzen Strumpfhosen als Hose trägt. Was sie aber nicht sind.

Wunschzettel: **Wolford**

Warum ich 50 bis 80 Dollar für Strümpfe von Wolford ausgebe, ist ganz einfach: Es sind die mattesten und blickdichtesten schwarzen Strumpfhosen, die es gibt, und das heißt, keine Haut schaut durch, weder Unebenheiten noch Flecken sind zu sehen, und glänzen tut auch nichts. Wolford verwendet eine bestimmte Stricktechnik, um das Lycra einzuarbeiten, die größtmögliche Blickdichte, Bequemlichkeit und Haltbarkeit garantiert. Und das ist mir den Aufpreis wert.

Fogal ist eine weitere Marke, die nicht unerwähnt bleiben darf. Es heißt, sie sei Jackie O.s Lieblingsmarke gewesen, und sie ist bis heute in Modekreisen sehr beliebt.

Meine Lieblinge:

- Wolford Velvet de Luxe 66: Blickdicht, matt, aber mit einem ganz leichten Schimmer.
- Wolford Matte Opaque 80: Balletttänzerschwarz. Da glänzt gar nichts.

13.
Boyfriend-Cardigan

Keine falschen Hemmungen, klaut sie euch. Oder leiht sie euch wenigstens – für sehr, sehr lange. Schnappt euch seinen Cardigan. Papas, Opas, Brüder, Freunde und Mitbewohner kommen genauso als Opfer in Frage. Der Boyfriend-Cardigan hatte seinen großen Auftritt, als Marc Jacobs den Grunge-Look erfand und die Models in Röcken, Springerstiefeln und übergroßen Strickwesten über den Laufsteg liefen. Aber den Boyfriend-Cardigan gab es schon vor dem Grunge-Look, und es wird ihn auch danach geben. Und sei es nur, weil alles, was wie aus dem Schrank des Freundes geklaut aussieht, niemals aus der Mode kommen kann.

Mode-Einmaleins

Was ein Name verrät

Der Cardigan verdankt seinen Ursprung und seinen Namen dem siebten Earl of Cardigan, der während des Krimkriegs 1854 so fror, dass er unter seiner Uniform eine weitere wärmende Schicht brauchte – und bekam. Und wir Frauen bekamen etwas, mit dem wir bis ans Ende der Tage stilistisch experimentieren können.

Zeit zum Kuscheln

- Halten Sie Ausschau nach der Variante mit vier Knöpfen und zwei Taschen. Sie ist die beste.
- Eine wahre Schatzgrube sind die Männerabteilungen von Neiman Marcus, Bergdorf Goodman, Gap, Target und H&M.
- Tragen Sie den Cardigan mit einem Gürtel und darunter ein edles Tanktop oder ein T-Shirt.
- Experimentieren Sie. Kombinieren Sie den Cardigan mit einem femininen Kleid und mit Stiefeln.
- Tragen Sie ihn im Herbst oder im Frühling. Das wirkt lässig und ungezwungen.

Sich anziehen ist Lebensart.

Yves Saint Laurent

14.
Briefpapier mit Monogramm

Wenn ich einen Umschlag öffne und darin eine handgeschriebene Nachricht auf Briefpapier mit Monogramm finde, kommt diese immer an mein schwarzes Brett. Weil das etwas Besonderes ist. Im Zeitalter der einzeiligen E-Mail und der akronymischen SMS, wenn eine ganze Generation mit LG unterschreibt und verstanden wird, ist ein handgeschriebener Brief nicht mit Gold aufzuwiegen. Und ein handgeschriebener Brief auf Briefpapier mit Monogramm an Klasse nicht zu überbieten. Eine handgeschriebene Nachricht – selbst die allereinfachste handgeschriebene Nachricht – bedeutet so viel mehr als eine E-Mail.

Verstehen Sie mich bitte nicht falsch. Ich bin ein Fan von E-Mails. So funktioniert die Welt, in der wir leben. Ich freue mich jedes Mal, wenn mein iPhone klingelt und mir eine Freundin eine Zeile geschickt hat. Aber stellen Sie sich vor: ein richtiger, durchdachter Brief, mit vollständigen Sätzen, jedes Wort ausgeschrieben, und dazu ein einfaches Monogramm in der Kopfzeile. Kann etwas mehr Stil haben? Nein, nicht wirklich.

Wunschzettel: **Mit lieben Grüßen**

Wo ich gerne Briefpapier kaufe:

- Mrs. John L. Strong: Das Unternehmen wurde 1929 in New York gegründet und ist bekannt für seine mit Hand eingravierten Monogramme. Die »ready to write«-Edition ist für die jüngeren Fashionistas. Ich liebe dieses Briefpapier.
- Crane & Co.: Elegantes Briefpapier aus hundert Prozent Baumwolle, also »öko« seit der Gründung der Firma 1801. Bei Crane findet man die unterschiedlichsten Stilrichtungen, von altmodisch bis modern. Auch Kate Spades Kollektionen sind hier erhältlich – stets einfach und stylisch.
- Smythson in der Bond Street: Diese Luxusfirma ist seit Anfang 1900 der führende britische Briefpapierhersteller. Sie bekommen dort neben einfachem Briefpapier mit Monogramm auch edelstes Briefpapier nach Ihren persönlichen Wünschen mit Rand. Wer es wirklich krachen lassen und ein Zeichen setzen will, ist hier richtig.

Man kennt eine Frau erst,
wenn man einen Brief von ihr bekommt.

Ada Leverson

15.
Brosche

Uneingeweihte denken bei Broschen an Omis und Großtanten und glauben, eine Brosche passe nur an den Halsausschnitt eines Kleides. Aber wer sich für Mode interessiert, weiß, wie viel mehr Broschen können. Sie sind ein Accessoire, mit dem man seine kreative Seite zeigen kann. Halten Sie Ausschau nach ironischen Designs und großen, interessanten Stücken. Stecken Sie sich eine Brosche ins Haar, an den Hut oder an andere Stellen, an denen sie niemand erwartet. Folgen Sie dem Beispiel von Frauen wie Sharon Stone, die sich eine Libellenbrosche an das Hemd ihres Mannes steckte und so 1998 auf den roten Teppich trat. Oder an Charlize Theron, die die geniale Idee hatte, sich für die Oscarverleihung 2000 an jeden Träger ihres bernsteinfarbenen Vera-Wang-Kleides eine Brosche zu stecken. Durchsuchen Sie die Vintage-Läden und die Schmuckkassette Ihrer Großmutter nach Broschen, mit denen Sie rumprobieren können.

Großartige Broschenmomente

- 1975: Unvergessen, wie Edith Bouvier in dem Film *Grey Gardens* jedes Outfit mit einer handtellergroßen Brosche abrundet. Das ist so kultig, dass es seine eigene Website hat: thegreygardensbrooch.com.
- 1994: Madeleine Albright trifft sich mit dem irakischen Außenminister, der sie zuvor als Schlange bezeichnet hat. Zu dem Treffen trägt sie eine Schlangenbrosche.
- 1998: Eva Perons Diamanten-Saphir-Brosche, die die argentinische Fahne darstellt, wird bei einer Auktion von einem anonymen amerikanischen Bieter für 992.000 Dollar ersteigert. (Man munkelt, es handle sich dabei um Madonna.)

Sie möchten wissen,
wie meine Stimmung ist?
Schauen Sie sich
meine Anstecker an!

Madeleine Albright

C

16.
Cabanjacke

In kalten Winternächten wird man nicht selten an den hippsten Orten der Stadt ein Mädchen in einer Cabanjacke sehen. Der Look ist zurückhaltend lässig und betont einfach. Wenn man sie fragt, woher sie die Jacke hat, wird sie wahrscheinlich antworten, sie sei secondhand aus einem Army-Navy-Store. Siebzig Kröten, mehr nicht. Und Sie werden sich fest vornehmen, sich selbst auf die Suche zu machen.

Was ist so toll an der Cabanjacke? Dass sie so unkompliziert und praktisch ist. Jedes Detail – die warme Wolle, die zweireihige Vorderseite, die großen Knöpfe (am besten mit Anker drauf) und dieses göttliche übergroße Revers – wurde von der Marine nach seiner Funktionalität ausgewählt, nicht nach modischen Gesichtspunkten. Die Cabanjacke, eine Erfindung der Briten und Holländer, gibt es seit etwa 300 Jahren. Sie hat drei Jahrhunderte Einsatz in der Marine rund um den Globus ausgehalten, man kann also ruhig sagen, dass sie Durchhaltevermögen aufweist. Definitiv.

Wo nur finde ich sie?

- Im Army-Navy-Store gibt's die besten. Kaufen Sie, wenn möglich, direkt an der Quelle.
- Wer sich damit nicht zufriedengibt: Die klassische Form wurde praktisch von jedem – von H&M bis YSL – herausgebracht. Aber halten Sie sich bitte so nah wie möglich ans Original, dann können Sie die Jacke jede Saison tragen.
- Die Jacke sollte unbedingt aus steifer Wolle sein. Nehmen Sie keine weiche Baumwolle, schließlich hätten Sie gern diesen festen Kragen, der (meiner Meinung nach) unbedingt zu dieser Jacke gehört.
- Nehmen Sie eine klassische Farbe: marineblau, schwarz, grau oder lodengrün. In jeder anderen Farbe sieht die Jacke aus, als stamme sie aus einem alternativen Universum.
- Die Proportionen sollten etwas weit und lieber eine Nummer größer sein. Diese Jacke ist besser nicht figurbetont.

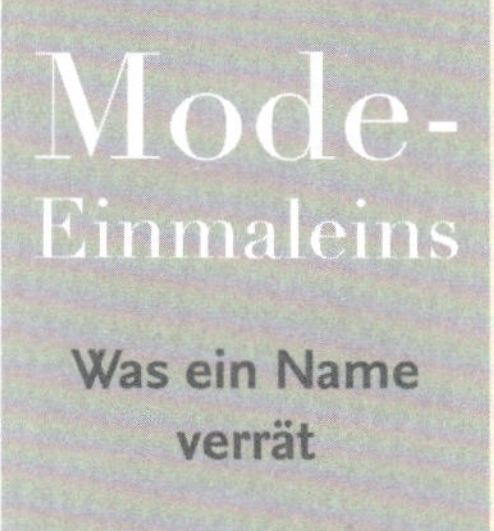

Das Wort »Caban« kommt aus dem Französischen und bedeutet Regenmantel, Jacke.

17.
Cape

Bei einem Cape denkt man an Exzentriker und Superhelden, dabei kann es sehr elegant und praktisch sein. Es hat etwas Kühnes und Geheimnisvolles, und es hat Power. Deshalb sind Superman und Dracula solche Fans. Es ist perfekt, um eine dramatische Note ins Spiel zu bringen, verdeckt jede Menge Probleme und passt wunderbar zum Abendkleid. Das Cape gibt es in Strick, aus Wolle, Samt, Kaschmir oder aus Pelz. In Anbetracht der fortschreitenden globalen Erwärmung und des zunehmend unvorhersagbaren Wetters werden Capes in Zukunft eine größere Rolle spielen. Was nur zu begrüßen ist. Eine Welt ohne Capes wäre so viel langweiliger.

Richtig drapiert

- Halten Sie alles darunter körpernah. Ein Cape sieht am besten aus, wenn die Lagen darunter schmal anliegen und nicht auftragen. Nur so erreichen Sie die kosmopolitische Note, auf die Sie es abgesehen haben.
- Für formale Anlässe am Abend ist ein Bolero ideal.

Geh in Frieden, meine Tochter.
Und denke daran,
in einer Welt Normalsterblicher
bist du Wonder Woman.

Queen Hippolyte

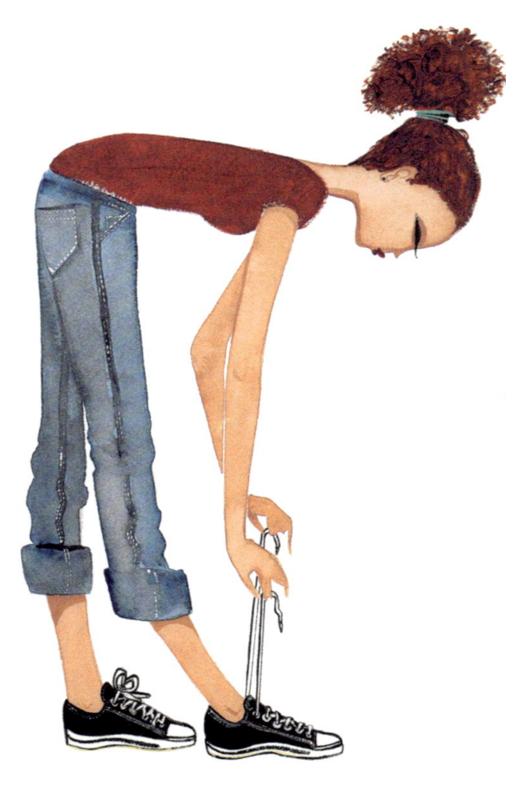

18.

Chucks

Der ultimative Sneaker für coole Kids. Das sind die Schuhe, die die Models tragen, wenn sie den Set verlassen, und die schicken Mädels, wenn sie downtown unterwegs sind. Das sieht nicht nach Verzweiflung und Stunden vorm Spiegel aus. Kombiniert werden sie mit Röcken oder schmalen Jeans und einfachen weißen T-Shirts. Wenn ich sie sehe, bin ich jedes Mal hin und weg von diesem lässigen Stil.

Converse ist berühmt für seine Zusammenarbeit mit Künstlern. Zu ihrem hundertsten Geburtstag lancierte die Firma die Red-Converse-1HUND(RED)-Initiative, ein einjähriges Projekt, für das Converse einhundert Musiker, Grafiker und Graffitikünstler aus aller Welt beauftragte, Sneakers zu entwerfen. Zu der Initiative gehört auch die »Make Mine Red«-Plattform, die es den Kunden ermöglicht, sich Farben und Muster auszusuchen und sich ganz individuelle Chucks zu entwerfen. Woran man sieht, wie nah Converse diesen Hipstern steht.

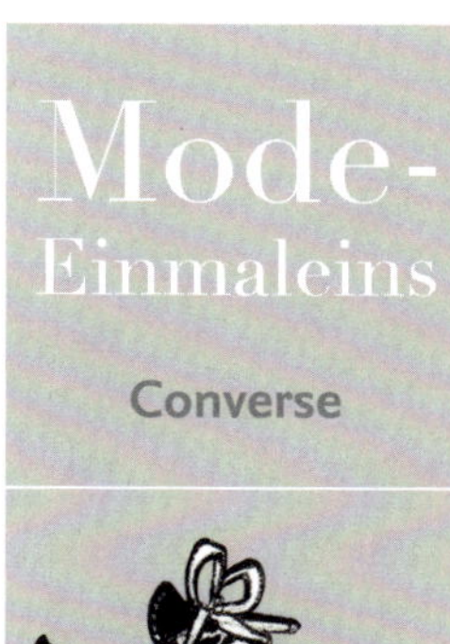

Mode-Einmaleins

Converse

Converse stellte ursprünglich Basketballschuhe her und wurde vor mehr als hundert Jahren gegründet. Die Chucks blieben Sportschuhe bis in die fünfziger Jahre, als die Beach Boys, James Dean und Elvis sie auf der Bühne und der Leinwand trugen. Die amerikanischen Teenager machten es ihnen nach, und die Chucks waren plötzlich mehr als nur Basketballschuhe. In den sechziger Jahren zog die Firma aus ihrer Beliebtheit bei der Jugend Profit, stellte Chucks in verschiedenen Farben her (bis dahin gab es sie nur in Schwarz und Weiß) und brachte das tiefer geschnittene Oxfordmodell heraus, das bei den Fans mit am beliebtesten ist. Heute stehen sie im Schuhschrank neben Louboutins und Manolos.

Übrigens

- **Sechzig Prozent der Amerikaner** sagen, sie hätten zumindest ein Paar Chucks besessen.
- **Converse High-Tops** heißen auch Chuck Taylors, weil ein Highschool-Basketballstar namens Chuck Taylor sie 1918 zu tragen und für sie zu werben begann.

19.
Clutch

Die Clutch ist die beste Begleitung für einen Abend *in town*. Ihr Look wird durch sie nicht gestört, ganz im Gegenteil. Nutzen Sie das. Die Clutch ist das Accessoire, mit dem Sie Ihren Sinn für Exzentrizität und Glamour zeigen können. Es gibt sie in allen Formen, Farben, Größen und Materialien. Sie ist der besondere Kick für ein schwarzes Outfit. Versuchen Sie es mit einer perlenbestickten oder einer knallbunten Clutch, einer Clutch aus Pythonleder, Brokat, Seide oder Satin. Alles ist erlaubt. Have fun! Praktisch betrachtet (wenn man es denn praktisch betrachten will) sollte die Clutch Platz für alles haben, was Sie brauchen – Lippenstift, Bargeld, Handy, Kreditkarte. Und sie sollte bequem unter den Arm passen, denn das Schöne an der Clutch ist ja gerade, dass man mit ihr die Hände frei hat, um seine Freunde zu begrüßen, ein Glas zu halten, Geschichten zu erzählen und den Cocktailring (siehe Nummer 20) funkeln zu lassen.

Clutch as Clutch can

- Probieren Sie etwas aus, das normalerweise nicht Ihre Sache ist: Edelsteine, Metall, Holz, Chagrin (Haihaut, Fischleder) oder Horn.
- Eine Clutch ist auch ein ideales Mitbringsel von einer Reise. In Asien, insbesondere in Thailand, findet man wunderschöne Holzkästen. Auf den Philippinen gibt es welche aus silbernem Tuch. Wo immer Sie hinreisen, Sie werden bestimmt etwas ganz Besonderes finden.
- Für Abendanlässe sollte man stets eine silberne und goldene Clutch zur Hand haben.
- Wer kein Vermögen ausgeben will, kann in Ethno-Läden suchen, auf Flohmärkten und in Secondhandläden. Sie können natürlich auch Ihre Oma fragen, ob sie nicht irgendwo eine Clutch hat, die Sie sich mopsen können.
- Betrachten Sie die Clutch als Schmuckstück, als Aussage und Akzent, um Ihr Outfit abzurunden.

Clutch-Geschichten

Die Clutch stammt aus der Zeit Königin Victorias, als jede echte Lady eine kleine, dekorative Tasche bei sich trug, um Taschentuch und Riechsalz aufzubewahren. Erst im Zweiten Weltkrieg wurde die Clutch modisches Allgemeingut. Damals wurde alles rationiert und geschrumpft, und die Clutch wurde die Handtasche der Wahl. Als die Rationierungen vorbei waren, wollten die Frauen die Clutch nicht mehr missen, sie blieb ein Musthave.

Insidertipps: **Die Lieblingsstücke der Moderedakteure**

- Elsa Peretti Clutch für Tiffany: Falls Sie jemals eine solche Clutch in Silber sehen, betteln Sie drum, leihen Sie sie oder klauen Sie sie. Ich versuche noch immer, eine zu ergattern.
- Judith Leiber Animal Clutches: Nein, Sie sollen nicht ständig ein Tier mit sich herumtragen, aber manchmal will man den Look ja etwas schrulliger.
- Nancy Gonzalez: Macht Clutches in jeder Regenbogenfarbe (mehr dazu bei Nummer 36).
- Calvin Klein Box Clutch: Einfach und minimalistisch – reinster Calvin – und in jeder Saison ein treuer Begleiter.
- Bottega Veneta Knot: Eine gewebte Tasche mit einem Knoten als Verschluss. Kostet ein Vermögen, aber man wird ja wohl noch träumen dürfen.
- VBH Envelope Clutch: Meine Lieblingsclutch. Einfach und elegant. Es gibt sie in normalem oder Exotenleder.
- R & Y Augousti: Ist auf Chagrinleder spezialisiert.

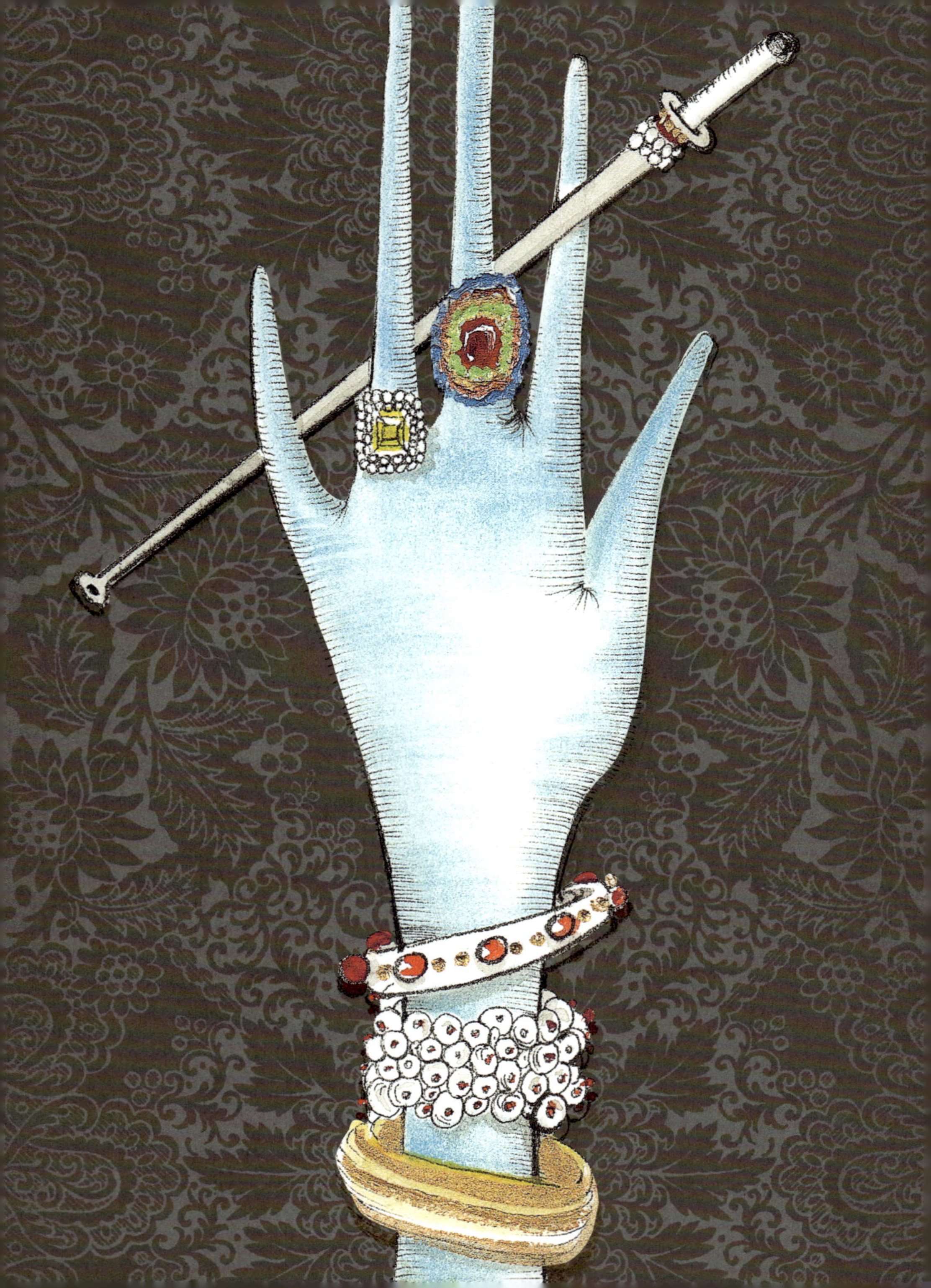

20.

Cocktailring

Lassen Sie ihn funkeln, ob Sie bei einer Party eine Anekdote zum Besten geben, auf dem roten Teppich posieren oder einen auf schüchtern machen – ein Cocktailring ist und bleibt eines der besten Mittel, um Stil zu zeigen. Entscheidend sind allein die Größe und das Statement. Ein Cocktailring muss nicht echt sein, um fantastisch zu sein – manchmal ist sogar ein falscher Vintage-Ring die bessere Wahl. Die reichsten Frauen gestehen, dass sie in der Regel lieber Modeschmuck tragen als ein großes, teures Erbstück. Entscheidend ist nicht der Preis. Zu einem Cocktailring gehört Mut, Schmackes und Abenteuerlust.

Übrigens

Der Ausdruck »Cocktailring« tauchte während der Prohibitionszeit auf, als Frauen zu den illegalen Cocktailpartys riesige Klunker am Finger trugen. Sie gestikulierten wild, um die Aufmerksamkeit auf den Stein zu lenken. Schließlich sollte jeder mitbekommen, dass sie nicht nur illegal Alkohol tranken, sondern dies auch mit Stil taten.

Insidertipps: **Die Lieblingsstücke der Moderedakteure**

Klassiker:

- Victoire de Castellane für Christian Dior: Eine witzige und geniale Designerin mit einer wilden Fantasie. Ihre Kreationen sind richtige Knaller, schick, glamourös und voller Humor. Sie selbst sagt: »Ich mag es, wenn es durchgeknallt ist... Normales interessiert mich nicht im Geringsten.« Keine schlechte Daumenregel für die Wahl des richtigen Cocktailrings!
- H. Stern: Macht große Ringe aus Halbedelsteinen. Die Superpromis lieben ihn, aber H. Stern hat auch immer ein paar preiswertere Stücke für seine jüngeren Kunden.
- Tony Duquette: Ausgefallene Ringe. Duquette war ein in Opulenz schwelgender Innenarchitekt, dessen Schmuck sich durch Extravaganz und Glamour auszeichnet.
- Stephen Dweck: Wird für seine von Kunst und Natur inspirierten Ringe und Schmuckstücke geliebt. Für seine Unikate sammelt er Steine aus aller Welt.
- David Webb: Typisch für David Webb sind die umwerfenden Farben, das gewagte Design und das häufig wiederkehrende exotische Tiermotiv (stellen Sie sich große Ringe in Pumaform mit Smaragden als Augen vor). Diese Schmuckstücke sind so toll, die können Sie vererben.

Moderne Varianten:

- Loree Rodkin: Riesige Ringe in einem teils punkigen, teils mittelalterlichen Stil, die ein ganzes Fingerglied bedecken. Rockerchic.
- Chrome Hearts: Silberringe mit Gothic-Motiven.
- Stephen Webster: Der Ring für böse Mädchen. Mit Totenschädeln, Skeletten und ironischen Gravuren.

Wunschzettel: **Kenneth Jay Lane, der große Fake**

Kenneth Jay Lane ist der König des Modeschmucks. Für jeden der oben erwähnten Ringe gibt es bei ihm eine tolle Kopie. Die Frauen lieben ihn seit jeher. Ob Jackie O., Audrey Hepburn oder Diana Vreeland – alle waren sie seine Fans. Jahrzehntelange hatte er Erfolg, und sein Modeschmuck ist inzwischen so begehrt wie echter Schmuck. Absolute Must-haves.

Ring Ding Ding!

Tipps für die Ringsuche:

- Auf die Größe kommt es an: Entweder riesig oder gar nicht. Fünf Karat sind das Minimum. Je größer und krasser der Klunker, desto besser.
- Faken geht in Ordnung: Selbst die Superreichen tragen Modeschmuck.
- Geben Sie Gas: Der Cocktailring ist als Statement gedacht, als Aufhänger für ein Gespräch. Lassen Sie damit eine verborgene Seite Ihrer Persönlichkeit aufblitzen.

21.
Cowboystiefel

Wer aus dem Süden oder Westen der USA kommt, wo Cowboystiefel zur Landschaft gehören, der weiß, wie man sie trägt. Alle anderen aber müssen zunächst vorsichtig auftreten. Die Daumenregel lautet: Es gibt keine Daumenregel. Man kann sie ebenso zu Cocktailkleidern kombinieren wie zu Jeans und T-Shirt. Allerdings ist die Nummer mit dem Cocktailkleid und den Cowboystiefeln schwer durchzuziehen, wenn man nicht mit einem Paar Tony Lamas an den Beinen geboren wurde. Anfängern in der Cowboystiefelarena würde ich zu einem Hanes-T-Shirt und einer Levi's raten (und bitte die Jeans immer *über* den Stiefeln tragen!). Sobald Sie den Gang draufhaben, können Sie die Stiefel mit einem weißen Sommerkleid und flippigen Klunkern tragen oder zu einer Countrybluse und einer Jeansjacke. Für das Cocktailkleid brauchen Sie etwas Erfahrung. Im Süden oder Westen der USA müsste es gehen. Und wenn Sie mich fragen, mir ist der *Ein-Duke-kommt-selten-allein*-Look lieber als der von Miss Daisy. Aber das muss ja nicht für Sie gelten.

Übrigens

Cowboystiefel verdanken ihre Existenz einem findigen Cowboy, der die Zehenkappe seiner Kavalleriestiefel von einem Schuster spitzer machen ließ, damit er leichter aus dem Steigbügel raus- und reinkam.

Aufgesattelt

- Für den richtigen Cowboygang brauchen Sie richtige Texasstiefel – entweder von Tony Lama oder von Lucchese (spricht man: Luu-KAY-sii). Texaner schwören auf diese beiden, und in einem Staat, in dem es an jeder Ecke einen Stiefelhersteller gibt und jede Frau mehrere Paar davon im Schrank hat, weiß man, wovon man spricht.
- Knausern Sie nicht. Ein gutes Paar wird Teil von Ihnen. Wenn Sie sie lange genug getragen haben, sind das die bequemsten Schuhe in Ihrem Schrank.
- Ganz, ganz wichtig: Sie müssen die Stiefel strapazieren. Sie können jedes Cowgirl fragen: In brandneuen Stiefeln bekommt man diesen Gang nicht hin.

Living on nothing but a young girl's dreams,
with my cowboy boots and my old six-string …

Mary Chapin Carpenter

22.
Cuff-Armband

Das Cuff-Armband ist das einzige Armband, das auf jedem Laufsteg dabei ist. Es fällt auf, es hat eine Aussage. Und deshalb wird es auch eingesetzt, um den persönlichen Stil auszudrücken oder zu behaupten. Schicke reiche Mädchen tragen die Platin- oder Diamantenversion, schicke arme Mädchen die Leder- oder Holzversion. Und die Rockerbraut greift zum schwarzen Lederarmband mit Nieten. Ein gewagtes Accessoire, das einem ansonsten eher zurückhaltenden Outfit Pepp oder einem lässigen Look Glamour verleiht.

Die vier klassischen Materialien sind Ebenholz, Silber, Acryl und Holz. Es gibt sie aber auch mit Diamanten, in Leder, Platin und so weiter.

Cuff-Regeln

- Versuchen Sie wertvolle und weniger wertvolle Cuff-Armbänder an einem Arm zu kombinieren.
- Sie lassen sich auch gut mit Armreifen kombinieren.
- Wecken Sie Ihre innere Wonder Woman, tragen Sie an jedem Arm ein Cuff-Armband.

Insidertipps: **Die Lieblingsstücke der Moderedakteure**

- Hermès Collier de Chien: Ein Lederarmband, das punk und posh zugleich ist. Absolut Kult.
- Kara Ross: Einzigartige Stücke, absolut unübersehbar.
- Robert Lee Morris: Morris arbeitet häufig mit Designern zusammen. Seine Armbänder sind traumhafte Ikonen.
- David Webb: Der Designer, der den Animalarmreif erfand (siehe Cocktailring, Nummer 20).
- John Hardy: Von Bali inspirierte Armbänder. Er arbeitet noch immer mit alten balinesischen Designtechniken.
- Patricia von Musulin: Modernes, skulpturorientiertes Design, das noch in hundert Jahren modern ist.
- Elsa Peretti: Der klassische Wave-Armreif von Tiffany.
- Chanel: Die Cuff-Armbänder des Hauses, das dem Modeschmuck zum Durchbruch verhalf, sind Ikonen.

Wunschzettel: **Verdura-Cuff**

Diese Armbänder mit dem juwelenbesetzten Malteserkreuz sind von Verdura – so unglaublich exquisit (und so unglaublich teuer). Sie werden zwar manchmal Coco Chanel zugeschrieben, aber sie sind die Schöpfung Fulco di Verduras. Allerdings war Madame nicht ganz ohne Einfluss. Ihre vielen Liebhaber schenkten ihr viel Schmuck, den sie von Verdura neu fassen ließ. Von dem bizarren und surrealistischen Stil des Cuff-Armbands war Chanel begeistert. Sie trug sie bei jeder Gelegenheit, und sie wurden ein Markenzeichen. Heute gibt es Verdura-Cuffs in Jade, Karneol, Sandelholz, Elfenbein und Walnussholz. Da die preiswertesten immer noch 12.500 Dollar kosten, ist die Modeschmuckvariante vielleicht die bessere Wahl.

Ich kann allem widerstehen,
nur der Versuchung nicht.

Oscar Wilde

D E F

23.

Das kleine Schwarze

Häufig findet man das perfekte kleine Schwarze, wenn man gar nicht danach sucht. Zieht man dagegen durch die Läden, um das »perfekte kleine Schwarze« ausfindig zu machen, sucht man meist vergebens. Aber auf dem Weg zum Sonntagsbrunch springt es einem dann in der Auslage entgegen. Egal, was es kostet, man sollte es kaufen. Es kann von H&M sein oder von Alaïa. Der Preis ist bedeutungslos, er lässt sich immer durch die Regeln der Modemathematik rechtfertigen: Kosten geteilt durch die Male, die das Teil getragen wird, ergibt unschätzbar wertvoll. Es wird immer für Sie da sein, in jedem Jahrzehnt.

Schwarz in Schwarz

- Nehmen Sie das beste Material, das Sie finden können (da gibt es ziemliche Unterschiede!). Und nichts zu Enges oder zu Glänzendes.
- Betrachten Sie Ihr kleines Schwarzes als ein Stück leere Leinwand statt als sichere Option. Die Details und Accessoires sind entscheidend.
- Wappnen Sie sich gegen den Vorwurf, auf Nummer sicher zu gehen – mit gefährlichen Stilettos, wagemutigem Schmuck etc. Und betonen Sie Ihre Vorzüge.

- Vergessen Sie nicht, der Grund, warum dieses einfache kleine Schwarze sich hält, ist, dass es weiß, was Stil ausmacht: zurücktreten und die Frau strahlen lassen. Also strahlen Sie.
- Es heißt, ein kleines Schwarzes reicht. Mindestens zwei sind aber besser.
- Und tanzen sollten Sie darin können.

Mode-Einmaleins

Das kleine Schwarze

Die Modegeschichte schreibt Coco Chanel die Erfindung des kleinen Schwarzen zu. Doch die Frauen hatten auch schon lange vor 1926 schwarze Kleider getragen. Allerdings war das kleine Schwarze vor den zwanziger Jahren kein modisches Statement, sondern wurde aus praktischen Gründen getragen oder weil man in Trauer war. Und daher müssen wir Mme. Chanel die Ehre zukommen lassen. Die übrigens auch darauf bestünde. Sie würde wohl argumentieren, dass sie vor allen anderen die umwerfende Wirkung des kleinen Schwarzen erkannt hatte, und damit hätte sie nicht unrecht. Als Paul Poiret sie, als sie eines ihrer ersten kleinen Schwarzen trug, fragte: »Um wen trauern Sie, Madame?«, antwortete sie frech: »Um Sie, Monsieur.«

Und Mme. Chanel gebührt auch die Ehre für den Spitznamen »das kleine Schwarze«, der fiel, als sie ihre Modekonkurrentin Elsa Schiaparelli kritisierte: »Scheherazade ist einfach, das kleine Schwarze ist schwer.«

Offensichtlich gehörte Mme. Chanel zu den Frauen, mit denen man sich lieber nicht anlegt, und deshalb komme ich zu dem Schluss, ihr in dieser Sache doch einen Teil der Ehre zukommen zu lassen. Ja, das kleine Schwarze gibt es seit Hunderten von Jahren, allerdings als praktische und ernste Angelegenheit. Heute ist es ein Ausdruck von Macht und Sinnlichkeit. Und dafür gebührt der Dank Mme. Chanel.

Große Auftritte im kleinen Schwarzen

- 1961: Audrey Hepburn (bedarf das überhaupt noch einer weiteren Erwähnung?) trägt das berühmte kleine Schwarze von Givenchy in *Frühstück bei Tiffany*.
- 1972: Das Debut der Hollies mit ihrem Hit »Long Cool Woman in a Black Dress« – *that long cool woman had it all …*
- 1986: Robert Palmers »Addicted to Love«-Video mit all diesen Top-Models im kleinen Schwarzen wird auf MTV ausgestrahlt. Die ganze Welt – vor allem die Modewelt – beginnt zu sabbern.
- 1986: Cher nimmt in einem atemberaubenden/schockierenden Teil von Bob Mackie an der Oscarverleihung teil. (»Wie Sie sehen, habe ich die Broschüre der Academy, wie man sich als ernsthafte Schauspielerin zu kleiden hat, gut durchgelesen.«) Dieses kleine Schwarze trägt seinen Teil dazu bei zu zeigen, welche Bandbreite das kleine schwarze Kleid aufweist.
- 1994: Elizabeth Hurley besucht die Premiere von *Vier Hochzeiten und ein Todesfall* in einem kleinen Schwarzen von Versace, das von Sicherheitsnadeln zusammengehalten wird. Ihre Karriere hebt ab.
- 1994: Prinzessin Diana trägt dieses denkwürdige kleine Schwarze an dem Abend, als Prinz Charles seine denkwürdige Erklärung abgibt.

- 1996: U2 bringt das Lied »Little Black Dress« heraus, eine Hymne auf die Power des besungenen Gegenstands. *Here she comes like a child with a gun …*
- 2006: Das kleine Schwarze aus *Frühstück bei Tiffany* wird bei einer Auktion für 467.000 Pfund versteigert (das entspricht etwa 524.000 Euro).

Wenn das kleine Schwarze passt,
ist es durch nichts zu ersetzen.

Wallis Simpson, Herzogin von Windsor

24.
Das kleine Weiße

Das kleine weiße Kleid wird nicht annähernd so geliebt wie das kleine Schwarze, und das ist schade. Jede Frau braucht ein kleines weißes Kleid. Was sollte sie bitte sonst tragen, wenn sie aus dem Urlaub zurückkommt und zeigen möchte, wie braun sie geworden ist, um die anderen neidisch zu machen? Das kleine Weiße ist der unbesungene Held der Kleiderabteilung. Und es ist mit Abstand das beste Kleid, um den Sommer zu begrüßen. Und im Winter das Kleid für Rebellinnen, die sich nicht an Regeln halten, nicht einmal an Moderegeln wie unser amerikanisches »No white after Labour Day«. Allerdings ist es durchaus ratsam, auf dunkle Soßen und Rotwein zu verzichten, wenn Sie das kleine Weiße tragen. Ein kleines Missgeschick in einem weißen Kleid ist nämlich kein Missgeschick, sondern eine Katastrophe.

Weiße Nächte

- Tragen Sie goldene, silberne oder hautfarbene Schuhe zum kleinen Weißen.
- Lassen Sie Assoziationen wie Unschuld und Reinheit sausen und tragen Sie schrillen Schmuck (einen Schlangenhalsreif, ein überraschendes Armband oder einen gefährlich großen Cocktailring).

Ein weißes Kleid hatte sie an.
Sie hatte einen weißen Sonnenschirm bei sich.
Ich habe sie nur eine Sekunde gesehen.
Sie hat mich gar nicht bemerkt.
Aber ich wette, seitdem ist kein Monat vergangen,
ohne dass ich nicht an sie gedacht habe.

Citizen Kane

25.

Diamantohrstecker

Sind am besten, wenn sie groß, echt und ein Geschenk sind. Aber groß, unecht und selbst gekauft ist auch okay (und wenn Sie einen davon verlieren, können Sie sich den Selbstmord sparen). Sie sind perfekt für jeden Tag, die richtige Dosis Glitzer, ohne aufdringlich zu wirken. Es gibt nicht viele Outfits, die nicht zu Diamantsteckern passen.

Mode-Einmaleins

Die vier C

- **Color (Farbe):** Die wertvollsten weißen Diamanten sind farblos oder so gut wie farblos.
- **Cut (Schnitt):** Bezieht sich darauf, wie kunstvoll der Diamant facettiert ist. Entscheidend sind Symmetrie und Proportionen.
- **Clarity (Reinheit):** Die wertvollsten Diamanten sind natürlich makellos. Unreinheiten nennt man Einschlüsse.
- **Carat (Karat):** Maßeinheit für das Gewicht des Diamanten. Ein Karat entspricht 200 Milligramm.

Ich bin nicht auf Gold aus …
ich nehm Diamanten.

Mae West

26.
Driving Shoes

Driving Shoes sind ein Synonym für Freizeit. Man sieht sie auf Langstreckenflügen und den Wochenenden auf Nantucket. Sie sind ungemein bequem und die modischere Alternative zum Loafer. Zu weißen Jeans oder Khakihosen und einem frischen weißen Männerhemd (siehe Nummer 96) getragen – ein fantastisches Neuengland-Outfit. Anfangs waren Driving Shoes Männersache: um damit im Smoking zu Abendgesellschaften zu fahren, wo sie dann die Schuhe wechselten. Wer die Dinge gerne wortwörtlich nimmt, kann das auch heute noch machen – ich schlage ein Taxi vor. Welche Frau bringt schon ein Paar Driving Shoes in ihrer Clutch unter?

Diese Schuhe sind leicht, eng mit dem Loafer verwandt, und sie unterscheiden sich durch die spezielle Gummisohle, die beim Fahren für Bodenhaftung sorgen soll, von anderem Schuhwerk. Den ersten Driving Shoe ließ sich Gianni Mostile 1963 patentieren, der eine Leidenschaft für Schuhe und Rennautos hatte. Stil-Ikonen wie JFK und Roberto Rossellini begannen, diese Schuhe nicht nur im Auto zu tragen.

O Sohle mio

- Probieren Sie's im Sommer mit knalligen Farben.
- Versuchen Sie Beschläge und Logos möglichst auf ein Minimum zu beschränken.
- Halten Sie Ausschau nach Animalprints oder Exotenleder.
- Tun Sie sich was Gutes – besorgen Sie sich ein Paar in Karamell. Sieht super aus zu gebräunten Beinen.
- Und nicht vergessen: Mit leichten Gebrauchsspuren sehen sie besser aus.

Mode-Einmaleins

Tod's

Tod's, die italienische Firma, die für ihren kultigen Driving Shoe berühmt ist, hat dem amerikanischen College-Schick viel zu verdanken. Der Sohn eines bekannten Schusters, Diego Della Valle, kam 1978 zum ersten Mal nach Amerika und war hingerissen vom legeren Wochenend-Chic der Amerikaner. »An den *Weekends* war Amerika lässig«, erzählte er. »In Italien waren die Wochenenden eine sehr förmliche Angelegenheit. Ich lernte, dass es dabei um Freizeit geht und man qualitativ hochwertige, geschmackvolle Dinge tragen kann, die nicht förmlich sein müssen.« Inspiriert davon wurde der klassische Tod's Driving Shoe geboren.

Übrigens

Der Name J.P.Tod's stammt aus dem Bostoner Telefonbuch von 1978. Man fand, er klinge in allen Sprachen gut.

27.

Einfaches weißes T-Shirt

Ich bin besessen von Hanes' »three-packs«. Sie kosten so gut wie nichts und halten ewig. Aber die Welt der einfachen weißen T-Shirts ist eine andere geworden: Hier hat sich derselbe Wandel vollzogen wie bei den einfachen Bluejeans. Jede Woche ist ein neuer T-Shirt-Designer angesagt, und wir alle rackern uns ab, mit dem neuesten T-Shirt-Hype Schritt zu halten. »Wo kommt es her? Peru oder China?«, oder: »Wie alt sieht es aus?«. Heute soll ein T-Shirt praktisch nicht vorhanden sein – je dünner und leichter, desto besser. Es soll alt und nach Vintage aussehen, dabei ist absurderweise jede Woche eine andere Marke hip. Ich mag tolle weiße T-Shirts wie jedes Mädchen. Und ja, ich kaufe mir ab und zu die gerade angesagte Marke. Aber ich weigere mich, mich wegen Klamotten verrückt zu machen, die für einen coolen, lässigen Stil stehen. Deshalb halte ich mich meist an meine Hanes. Keep it simple – damit fahren Sie am besten.

Insidertipps: **Meine Lieblingsstücke**

- Hanes: Das Brot-und-Butter-T-Shirt ... preiswert und ein absolutes Basic.
- James Perse: Perse ist wohl für diesen ganzen Luxus-T-Shirt-Wahnsinn verantwortlich. Die Kombination aus hoher Qualität und wenig Aufwand ist der für die Marke typische Look.

Für mich ist das T-Shirt seit jeher das Alpha und Omega des Modealphabets.

Giorgio Armani

- Adam + Eve: In einer ganzen Reihe von Farben erhältlich. Besonders mag ich die mit dem ausgewaschenen Look, die aussehen, als hätten sie zu lange in der Sonne gelegen.
- The Row: Leichte und dünne – beinahe zu dünne – T-Shirts, die nach Zwiebellook schreien. Die Marke spielt auch mit Proportionen und Längen, also ideal zum Drüber- und Drunterziehen.
- Rick Owens: Niemand versteht sich auf den lässigen Look wie Rick Owens. Seine T-Shirts sind enganliegend, superedel, superzart und jeden Cent wert. Sie verkörpern den Werbeslogan »Glunge-Look« (aus Glamour und Grunge).
- Vince: Die federweichen T-Shirts – eines der Luxusbasics dieses Herstellers – sind in den wenigen Jahren seit ihrem Debüt 2003 Kult geworden.
- C&C California: Eine T-Shirt-Marke, die wirklich kalifornischen Chic verkörpert: lässig, bequem, cool und ohne Angst vor Farbe.

Es ist nicht nur ein T-Shirt!

- Achten Sie auf den Halsausschnitt. Er sollte weder zu hoch noch zu niedrig sein.
- Das T-Shirt darf keinesfalls zu eng sein, es sollte locker sitzen.
- Kombinieren Sie es mit einem Kostüm oder Hosenanzug, das wirkt zwangloser. (Eigentlich wirkt mit einem T-Shirt alles zwangloser.)
- Die Quintessenz: Es geht darum, so auszusehen, als hätten Sie das T-Shirt gerade übergestreift, ohne viel darüber nachzudenken. Unkompliziertheit gehört zum Repertoire jeder stylischen Frau.

28.

Einteiliger Badeanzug

Sicher, der Bikini ist der Fashionfavorit, aber es gibt Situationen, in denen der Bikini nicht passt. In diesen Momenten ist ein einteiliger Badeanzug (ein Maillot, wie es korrekt heißt) so unerlässlich wie das kleine Schwarze. Er lässt Sie schlanker wirken, verdeckt Stellen, die vielleicht noch nicht bikinigeeignet sind oder von der Sonne geküsst wurden. Daher ist er das ideale Badeutensil, falls Sie nach den Feiertagen in Urlaub fahren. Hey, sogar die Besten lassen mal die eine oder andere Pilatesstunde sausen.

So viele Möglichkeiten!

- Greifen Sie zu einem durchgehend schwarzen Badeanzug. Er macht schlank und ist elegant. Wenn Sie einen mit einem Gürtel finden, umso besser.
- Ein durchgehend weißer Badeanzug kann schlank machen und elegant wirken – aber prüfen Sie, ob er nicht durchsichtig ist. Das kommt gar nicht gut.
- Halten Sie auch außerhalb der Saison Ausschau nach einem Badeanzug. Das erspart Ihnen den Stress, im Notfall losrennen und unbedingt einen finden zu müssen.
- Sehen Sie unter Bikini (Nummer 9) nach, dort finden Sie meine Lieblingsdesigner!

Wunschzettel: **Eres-Badeanzüge**

Eres-Badeanzüge sind seit 1968 eine französische Institution. Mode-Insider bringen sie seit Jahren aus Paris mit. Das Tolle an Eres-Badeanzügen ist, dass sie so unglaublich leicht sind, den Körper wie eine zweite Haut umschmeicheln und so hervorragend geschnitten sind, dass jeder Makel weggezaubert wird. Sie schmeicheln nicht nur der Figur, sie sind auch modisch. Und Eres bringt jede Saison einen Badeanzug heraus, den sich unweigerlich die heißeste Promi-Nixe schnappt, was bedeutet, dass das Stück am nächsten Tag absolut ausverkauft ist. Glücklicherweise muss man kein Fashioninsider mit einem Ticket nach Paris mehr sein, um an einen dieser Badeanzüge zu kommen.

29.

Espadrilles

Der ultimative Sommerschuh. Wenn das Unmögliche geschieht und der Winter innerhalb von 24 Stunden dem Sommer weicht, braucht man ein Paar Espadrilles zum Sommerkleid, der weißen Jeans oder dem Kaftan. Die Espadrilles kommen ursprünglich aus Spanien und Portugal und zeichnen sich durch eine Sohle aus dickem Tuch aus, auf das eine Kordel genäht ist. Im Mittelmeerraum wurden die flachen Espadrilles von Bauern, Soldaten und Fischern getragen. Die hochhackigen Espadrilles von heute würden sich für das Kriegshandwerk und ernsthafte Fischereiunternehmungen wohl weniger eignen. Die modischste Version stammt von Christian Louboutin – jede Saison ein Traum.

Mode-Einmaleins

Auf dem Seil mit Castañer

Erst in den sechziger Jahren wurden die Espadrilles hochhackig und schafften es in die Haute Couture. Ausschlaggebend war ein Treffen zwischen Yves Saint Laurent und Isabel Castañer auf einer Messe in Paris. Die inzwischen berühmte spanische Schuhfirma Castañer stellte seit 1776 Espadrilles her, stand aber kurz davor, für immer die Pforten zu schließen. Es gab keinen Markt mehr für Espadrilles, ursprünglich ein einfacher, flacher Schuh für die Bauern und Landbevölkerung. Da kam Yves Saint Laurent und fragte Castañer, ob ihre Firma auch Espadrilles mit hohen Absätzen herstellen könnten. Die Firma war gerettet. Die Idee zu hochhackigen Espadrilles war absolut neu, doch als sie auf den Markt kamen, war der Erfolg durchschlagend. Heute ist die Marke in Spanien und der ganzen Welt zur Legende geworden. Und auch in der Modewelt ist sie ganz klar der Favorit – Yves Saint Laurent, Louis Vuitton und Donna Karan lassen alle bei Castañer arbeiten, wenn's um Espadrilles geht.

Sie sollen sehen,
dass sie mich nicht gebrochen haben.

Molly Ringwald als Andie Walsh in *Pretty in Pink*

G
H
I

30.
Flip-Flops

In Brasilien sind Flip-Flops ein Nationalheiligtum. Sie sind so allgegenwärtig, dass sie im Supermarkt neben Reis und Bohnen verkauft werden. Man nennt sie die »demokratischen Sandalen«, da jeder damit rumläuft – vom normalen Bürger bis hin zum höchsten Würdenträger. Als daher Jean Paul Gaultier 2002 fünfzig Models in Flip-Flops auf den Laufsteg schickte, brachte das in Brasilien niemanden aus der Fassung, während der Rest der Welt fasziniert war. Was war an diesen Flip-Flops so besonders, was machte sie laufstegwürdig, fragten wir uns. Und warum ließ sich plötzlich jeder Promi darin ablichten? Und dann probierten wir sie an. Und verliebten uns.

Sicher, Flip-Flops sind pfiffig, aber das Tolle an ihnen ist, dass sie butterweich sind. Ist man einmal in sie reingeschlüpft, will man sie nicht mehr ausziehen. Man versteht die Begeisterung und fängt an, Gründe dafür zu erfinden, warum Flip-Flops zu allem passen.

Glück ist, wenn man eine alte Jeans hat und neue Flip-Flops.

Anonym

Mode-Einmaleins

Havaianas

Ursprünglich verdanken die Havaianas (was auf Portugiesisch »Hawaiianer« heißt) ihre Existenz dem Zori, einer japanischen Strohsandale, die man zum Kimono trug. 1962 griff der Schuhmacher São Paulo Alpargatas diese Idee auf und machte eine Gummiversion, die das brasilianische Klima besser vertrug. 2002 begann die Firma, die Sandalen zu exportieren (obwohl Touristen sie schon seit Langem in ihren Koffern aus Brasilien schmuggelten und in europäischen Boutiquen verkauften).

Übrigens

Würde man sämtliche Flip-Flops dieser Welt aneinanderreihen, würde die Kette fünfzig Mal um die Erde reichen.

31.

Gestreiftes Marineshirt

Jede Französin, die etwas auf sich hält, hat ein gestreiftes Marineshirt im Schrank. Und auch kein Franzose und kein französischer Film kommt ohne aus. Jean Paul Gaultier scheint nie ohne rumzulaufen. Und in der Regel läuft auch in seinen Shows ein Model in einem gestreiften Marineshirt über den Laufsteg – in jeder seiner Shows. Die Bilder von Jean Seberg mit Marineshirt aus dem Klassiker von 1960 (*Außer Atem* – den müssen Sie sehen!) sind unvergessen. Von Picasso hat das Marineshirt die künstlerische Note, die Bardot trug es, um sich darunter zu verstecken – die Liste der Französinnen und Franzosen in diesem Shirt ist endlos. Das gestreifte Marineshirt ist eines dieser Teile, das für französischen Chic steht und den alten Mythos Lügen straft, Querstreifen seien unvorteilhaft. Mit einem U-Boot-Ausschnitt und französischem Flair kombiniert sind das die schmeichelhaftesten Streifen der Welt.

Sail Away

In diesen Läden werden Sie immer fündig:

- Petit Bateau: Wenn Sie die klassische Version suchen.
- L.L.Bean: Wenn Sie ein Shirt für alle Tage brauchen.
- Jean Paul Gaultier: Hier gibt's die Designervariante.
- Armor Lux, St. James: Beide haben authentische französische Versionen.
- Army-Navy-Store: Wenn's das Original sein soll.

Mode-Einmaleins

Das Breton-Shirt

Der richtige Name für das gestreifte Marineshirt ist eigentlich Breton-Shirt, da es aus der Bretagne stammt. Dort tragen Seeleute diese gestreiften Shirts seit etwa 1820. Das Original wurde aus feiner gestrickter Baumwolle hergestellt und war ein guter Schutz gegen Wind und Wasser. 1858 übernahm die französische Marine das Shirt als Teil der Matrosenuniform. Angeblich lassen sich mit den blauen und weißen Streifen über Bord gegangene Seeleute leichter entdecken. Ganz klar, das Shirt sollte schon damals möglichst auffallen.

PASSPORT
TICKETS

32.
Gültiger Reisepass

Wie oft merkt man zwei Wochen vor einer Reise, dass der Pass vor einem Monat abgelaufen ist. Oder man muss feststellen, dass man keine Ahnung hat, wo das verdammte Ding steckt. Dann sitzt man in der Passbehörde und/oder beantragt eine Verlängerung im Expressverfahren, die ein Heidengeld kostet, was die Shoppingressourcen beträchtlich schmälert. Sorgen Sie vor, um nie in diese Situation zu geraten!

Bei Vuitton, Goyard oder Hermès bekommen Sie wunderbare Passhüllen in exotischem Leder – bezahlbare Luxusteile, die den Horror, den Flugreisen mittlerweile darstellen, etwas abmildern.

Ein Abenteuer lohnt sich an sich.

Amelia Earhart

33.
Gummistiefel

Als Kate Moss 2005 beim Glastonbury Music Festival auftauchte, trug sie ein so gut wie nicht vorhandenes Goldlamékleid und schwarze Gummistiefel der Marke Hunter. Die Fotos der im Schlamm herumstiefelnden Kate Moss gingen um die Welt (und sind bestimmt bis heute jedem in Erinnerung geblieben). Danach kramten Frauen überall ihre Gummistiefel hervor, denn jetzt war klar, irgendwie waren sie cool. Sie fingen an, sie mit Kleidern, Röcken oder Röhrenjeans zu tragen, egal, ob es regnete oder die Sonne schien. Natürlich sind Gummistiefel die praktischste Fußbekleidung bei Regen. Und bei Musikfestivals scheinen sie ab jetzt die einzig mögliche zu sein.

Wunschzettel: **Hunters**

Hunters sind eine britische Institution. Jeder Brite hat mindestens ein Paar im Schrank, und die Royal Family trägt stets die klassische grüne Version, um sich auf dem Land zu vergnügen. Weil diese Gummistiefel so bequem und so praktisch sind, sind sie nicht nur in Großbritannien nicht mehr wegzudenken. Frauen auf der ganzen Welt bestellen sie eifrig (und die unter ihnen, die wissen, was sie tun, bestellen sie eine Nummer kleiner als ihre anderen Schuhe – sie fallen nämlich ziemlich groß aus).

Mode-Einmaleins

Was ein Name verrät

In Großbritannien heißen Gummistiefel *Wellingtons* beziehungsweise liebevoll abgekürzt *Wellies*. Und diesen Namen verdanken sie dem ersten Duke of Wellington. Dieser hatte nämlich seinen Schuhmacher gebeten, seine Reitstiefel so umzuändern, dass sie strapazierfähig für die Schlacht und bequem für den Abend wären. Worauf der Schuhmacher den *Wellington boot* entwarf. Die ersten waren aus Leder, erst 1852 begann die Firma Hunter, sie aus Gummi zu fertigen.

34.
Gürtel

Ein häufig übersehenes und unterschätztes Accessoire (die ganze Aufmerksamkeit gilt den Schuhen und Handtaschen). Doch ein toller Gürtel lässt Sie schlanker, ordentlicher und kurviger wirken und peppt jedes ansonsten fade Outfit auf. Ein breiter schwarzer Gürtel zu einem schwarzen Kleid macht eine schlanke Taille und betont die Kurven. Ein Hüftgürtel zu einer Tunika lenkt den Blick nach unten. Ein schmaler Gürtel zu einer Hüfthose, und der Look wirkt sofort eleganter. Aber bei einem Gürtel geht es nicht nur um die Silhouette. Ein Gürtel ist wie ein Schmuckstück. Halten Sie Ausschau nach einem ungewöhnlichen Design, Stil, Material und riesigen Schnallen. Experimentieren Sie mit Korsettgürteln, Hüftgürteln, dem Ethno-Look, rotem Kroko, grüner Python, Zebramuster und so weiter und so fort. Das ist genau die Art von Gürtel, die Sie wunderbar zu einem weißen Kleid, einem schwarzen Kleid, zu Jeans und T-Shirt tragen können – um damit im Handumdrehen den Look zu verändern.

Insidertipps: **Meine Lieblingsstücke**

- LAI (Luxury Accessoires International): Wenn Sie einen wirklich schmalen Gürtel suchen, kann ich Ihnen LAI nur empfehlen.
- Lana Marks: Die besten Krokogürtel.
- Streets Ahead: Hier gibt's Nietengürtel für Rocker.
- Linea Pelle: Italienische Handwerkskunst vom Feinsten.

- Es gibt Jahre, die sind modisch gesehen kein »Gürteljahr«, das heißt, die Designer entwerfen so gut wie keine neuen Gürtel. Doch bei diesen High-End-Designern finden Sie immer wirklich gute Gürtel: Dolce & Gabbana, Gucci, Lanvin, Ralph Lauren, Azzedine Alaïa.

Bitte anschnallen!

- Ein breiter Gürtel um die Taille zaubert im Nu eine Sanduhrsilhouette. Nur zu!
- Sie tragen einen breiten und/oder auffälligen Gürtel? Halten Sie den Schmuck einfach und lassen Sie den Gürtel glänzen.
- Ein schmaler Gürtel sieht am besten aus zu einer sehr niedrig oder sehr hoch geschnittenen Hose.
- Mit einem Gürtel können Sie sich ein Designerstück leisten, ohne ein Vermögen auszugeben. Die meisten Designer bringen jede Saison einen Gürtel heraus, und wenn Sie sich den anschaffen, bekommen Sie den neuen Look, ohne sich finanziell zu verausgaben.

Eine Taille ist ein Geschenk Gottes.
Machen Sie das Beste draus.

Anonym

35.
Handschuhe

Bei langen Satinhandschuhen denkt man sofort an alten Hollywoodglamour, an Ava Gardner, Rita Hayworth, Vivien Leigh. Von ihnen allen gibt es nur wenige Fotos, auf denen sie ohne Handschuhe zu sehen sind. Es gab eine Zeit, in der eine Schauspielerin, die auf sich hielt, sich nie ohne Handschuhe blicken ließ. Handschuhe waren ein Symbol der Eleganz und Femininität. In den sechziger und siebziger Jahren kamen Handschuhe aus der Mode, Frauen sahen sie nun als Symbole der Fesseln, die ihnen die Gesellschaft anlegte. Und seien wir ehrlich, so ein richtiges Comeback haben lange Satinhandschuhe seither nicht wirklich hingelegt. Aber falls Sie eine Frau mit schicken, der Situation angemessenen Handschuhen sehen, ist das noch immer der Inbegriff von Glamour.

Übrigens

Die ersten langen Handschuhe wurden 1566 von Königin Elisabeth I. getragen, die zu einer feierlichen Zeremonie in Oxford ein 45 Zentimeter langes Paar aus weißem Leder mit Goldeinfassung trug.

Hand in Handschuh

- Sie müssen perfekt sitzen, vor allem an den Fingern. Das ist entscheidend.
- Tragen Sie dazu eine lange Jacke, damit sind Sie auf der sicheren Seite.
- Das mit den langen Satinhandschuhen ist einfach nicht Ihre Sache? Versuchen Sie scharfe Autofahrerhandschuhe oder die fingerlose Version (das genaue Gegenteil von Hollywoodglamour, aber perfekt für die Tage, an denen Ihnen der Sinn danach steht, auf knallhart zu machen).

Großartige Handschuhmomente

- 1946: Rita Hayworth in *Gilda*
- 1952: Lana Turner in *Die lustige Witwe*
- 1953: Marilyn Monroe in *Blondinen bevorzugt*
- 1961: Audrey Hepburn in *Frühstück bei Tiffany*
- 1962: Natalie Wood in *Königin der Nacht*

Du musst Handschuhe tragen, oder ich komme nicht mit. Handschuhe sind wichtiger als alles andere.

Meg in *Betty und ihre Schwestern*

36.
Handtasche aus Exotenleder

Alles andere darf klassisch bleiben – die Handtasche aus Exotenleder trägt den Look ganz allein. Sie bringt sofort einen Touch Luxus ins Spiel. Schnappen Sie sich Ihren Krokoshopper oder Ihre Schlangenlederclutch und *voilà* – wo immer Sie gerade sind, Sie sind der Neid aller Frauen. Am besten ist jedoch, dass keine dieser Frauen jemals dieselbe Handtasche tragen wird. Denn solche Taschen sind Unikate, Muster, Linien und Textur des Leders sind stets verschieden. Eine Handtasche aus Exotenleder ist die Anti-It-Bag, das allein ist schon Grund genug, zwei davon zu kaufen.

Wie, was und warum

- Vintage-Läden sind wahre Fundgruben. Dort können Sie so eine Tasche für ein Drittel des Originalpreises bekommen!
- Drei Exotenleder, die nie aus der Mode kommen: Krokodilleder, Schlangenleder und Straußenleder.
- Sie brauchen eine Rechtfertigung für diese Anschaffung? (Die Taschen sind nicht billig!) Halten Sie sich einfach vor Augen, dass Sie diese Tasche ewig haben werden.

Wunschzettel: **Nancy Gonzalez**

Einige meiner Lieblingstaschen aus Exotenleder sind von Nancy Gonzalez. Ihr Design ist zwar klassisch, doch nicht ohne witzige Details (mutige Farben, geflochtenes Krokodil- und Kobraleder etc.). Das Beste ist aber: In einer Label-besessenen Welt kommen ihre Taschen ganz ohne Logo aus. Das Leder spricht für sich. Es ist von hoher Qualität, und das Design ist nie trendy, das heißt, diese Tasche können Sie Jahre benutzen, sie wirkt nie ausgelutscht. Da diese Taschen klassisch und witzig zugleich sind, sieht man sie in den Händen eleganter älterer Damen ebenso wie in denen junger, hipper Fashion Girls.

Manche denken, Luxus sei das Gegenteil von Armut. Stimmt nicht. Es ist das Gegenteil von Vulgarität.

Coco Chanel

37.

Hausschuhe

Füße, die stundenlang in High Heels herumgelaufen sind, haben es sich verdient, verwöhnt zu werden. Flauschig und gemütlich müssen Hausschuhe sein und so bequem und luxuriös wie möglich. Suchen Sie sich für den Winter ein mit Schaffell gefüttertes Paar. Oder schwelgen Sie in Luxus und verwöhnen Sie sich mit Nerzpantoffeln (übrigens auch ein tolles Geschenk). Oder mit einem superalbernen Marabupaar – so sexy für zu Hause. Oder probieren Sie den marokkanischen Stil, damit können Sie auch noch mal schnell raus auf die Straße zum Einkaufen, ohne wie aus dem Irrenhaus entsprungen zu wirken. Wahrscheinlich könnten Sie auch in Häschenhausschuhen auf die Straße hoppeln, was nicht unbedingt sexy, sondern *garantiert* nach aus dem Irrenhaus entlaufen aussieht. Aber wer bin ich, um mir ein Urteil zu erlauben? **zwinker**

Hausschuhe anziehen ist einfacher,
als die ganze Welt mit Teppich auszulegen.

Al Franken

Wunschzettel: **Stubbs & Wootton**

Die handgefertigten Hausschuhe von Stubbs & Wootton sind einfach nur göttlich. Sie sind nicht nur bequem, sie sind auch innovativ und originell bestickt (zum Beispiel mit Totenschädeln und gekreuzten Knochen, Marylandkrabben oder Polospielern, die vom Pferd fliegen) – jede Menge Anlass für Komplimente, egal, ob sie im Haus oder auf der Straße getragen werden. Richtig, mit denen können Sie auch draußen rumlaufen. Für ihre Herstellung kommen nur die besten Materialien in Frage: englisches Leder, ägyptische Baumwolle, französischer Brokat und belgische Gobelinstickerei. Sie sind bequem, was Hausschuhe sein müssen. Aber mit S&Ws werden Sie mit Komplimenten überhäuft, selbst wenn Sie nur schnell über die Straße laufen, um sich eine Tüte Eis zu holen.

38.
Hobo Bag

Die perfekte Tasche für jeden Tag – sie ist geräumig (da hat alles Platz, was Sie unbedingt brauchen), schön weich und knautschig (lässt sich bequem an der Schulter tragen) und haltbar (was heißen will: sie hält durchaus was aus). Das Vorbild für die Hobo Bag war der große Stoffsack, in dem amerikanische Landstreicher, die Hobos, ihre Habseligkeiten mit sich trugen. Wegen ihrer betonten Lässigkeit gilt die Hobo Bag als die unkonventionelle Tasche der Wahl. Sie ist ideal für Künstler, Models und junge It-Girls, die damit um die Häuser ziehen. Aber es gibt auch eine elegante Version (siehe dazu die Jackie-O.-Tasche unter Nummer 39), denn schließlich weiß die Frau von Welt, dass die Hobo Bag die ideale Tasche für jeden Tag ist.

Wo findet frau sie?

In beinahe jeder großen Taschenkollektion ist eine Hobo dabei, aber zu meinen liebsten gehören:

- Die elegantere Version: Gucci, Coach, Jimmy Choo.
- Die rustikalere Variante: Kaufen Sie Marc by Marc Jacobs, wenn Sie nicht knausern wollen. Oder gehen Sie zu Anthropologie oder Urban Outfitters. Dort finden Sie Stoffversionen, die der ursprünglichen Hobo Bag sehr nahekommen.

39.
Investmenttasche

Das ist die Tasche, in die Sie einen Monatsverdienst investieren können, ohne sich deshalb schuldig zu fühlen (zumindest *sollten* Sie das nicht). Sie werden sie Ihr Leben lang haben, sie wird nie unmodern wirken und mit jedem Jahr noch besser. Und wenn Ihre Enkeltochter sie in fünfzig Jahren zufällig entdeckt, wird sie versuchen, sie Ihnen zu mopsen. Falls Sie also bereit und in der Lage sind, ordentlich Geld für eine ordentliche Tasche abzudrücken, dann gibt es nur ein paar, die ihr Geld wirklich wert sind:

1. Die Chanel 2.55
2. LV Speedy
3. Die Jackie O.
4. Die Birkin

Wenn Sie diese Taschen kennen, merken Sie, dass alle anderen letztlich nur Variationen dieser vier sind. Hier die Liste:

Chanel 2.55

Coco Chanels gesteppte Kulttasche mit der doppelten Kette für die Schulter und den verschlungenen Cs an der Schließe. Beim Kauf einer 2.55 liegt es nahe, die einfache schwarze Version aus Kalbsleder zu nehmen. Weil dieses Teil so klassisch ist, wäre aber auch ein gewagterer Stil oder eine durchgeknallte Farbe drin.

Mode-Einmaleins

Die 2.55

Coco Chanels Kulttasche kam im Februar 1955 auf den Markt, daher der Spitzname 2.55. Jedes Detail dieser Tasche – vom Futter bis zum Schulterriemen – verrät etwas über Mme. Chanel. Das braune Futter hat dieselbe Farbe wie die Uniform des Klosters, in dem sie aufwuchs. In der mit einem Reißverschluss verschließbaren Tasche innen an der Vorderklappe versteckte sie ihre Liebesbriefe. In der Außentasche hinten war Platz für ihr Reservegeld. Die Schulterriemen waren damals bei einem Luxusgegenstand sehr ungewöhnlich, aber Mme. Chanel fand nichts Unfeminines daran, die Hände frei zu haben.

Ein Mädchen sollte zweierlei sein: elegant und fantastisch.
Coco Chanel

LV Speedy

Die Louis Vuitton Speedy gibt es seit 1933, und sie ist nach wie vor Louis Vuittons Markenzeichen. Häufig wird sie als Doktor- oder Hebammentasche bezeichnet, weil sie an eine solche erinnert. Die klassische Version ist mit dem Monogramm aus den ineinander verschlungenen Initialen LV bedruckt, aber es gibt sie auch in einfarbigem Leder oder mit Schachbrettmuster. Es gibt sie in drei Größen: die Speedy 25 (25 x 19 cm), die Speedy 30 (30 x 21 cm) und die Speedy 35 (35 x 23 cm). Die Speedy 30 ist die mit Abstand beliebteste Größe.

Original und Fälschung

Die Stücke Louis Vuittons gehören zu den am häufigsten gefälschten. Das heißt: Augen auf beim Secondhandkauf. Bei einer echten sind die LVs niemals abgeschnitten, die Farben sind satt und die Materialien massiv und schwer. Meistens erkennt man die Fälschung auf den ersten Blick am Leder … oder am Preis, den man in der Boutique dafür hinblättert.

Guccis Jackie O.

Dank Jackie O. wurde die Hobo Bag berühmt, sie hatte die Version mit den zwei Schulterriemen überall dabei. Die Frauen strömten in die Gucci-Läden und verlangten die Tasche, »mit der man Jackie O. ständig sieht«. Weshalb die Firma die Tasche »Jackie O.« nannte. Inzwischen nennt man sie »die Bouvier«, nach Jackie O.s Mädchennamen, und sie ist nach wie vor eine solide Kapitalanlage. Und wie bei der 2.55 gilt auch hier: Keine Angst vor ungewöhnlichen Farben, Metallen und Mustern, in denen es die Tasche heute gibt.

Hermès Birkin Bag

Die Birkin, eine ziemlich große, ziemlich teure Tasche, ist so sehr Kult, dass sie es sogar in Songtexte und TV-Drehbücher geschafft hat. Jeder kennt sie und weiß, wie sie heißt. Sie ist so beliebt, dass es eine Warteliste gibt. Und die Wartezeit von zwei Jahren treibt die eine oder andere zu wahren Wahnsinnstaten.

Mode-Einmaleins

Die Birkin

1981 purzelte bei einem Flug der Inhalt aus Jane Birkins übervoller Handtasche über ihren Sitznachbarn, Jean-Louis Duma-Hermès – und dabei hatte dieser einen Einfall. Drei Jahre später brachte Hermès eine Tasche auf den Markt, die ein Design von 1892 aufgriff. Sie war groß und sollte zu Jane Birkins modernem Leben, sprich zum aktuellen Lifestyle, passen. Doch wie das Leben so spielt, Birkin gestand, sie habe aufgehört, ihre zu benutzen, weil sie fürchtete, damit ihrer Gesundheit zu schaden.

Ich habe Hermès gesagt, sie waren verrückt, diese Tasche zu machen. Meine war ständig voll, und ich bekam eine Sehnenscheidenentzündung.
Jane Birkin

40.
iPhone

Die Waffe der modernen Frau. Mit ihm kann sie auf eBay bieten, während sie die Straße entlangläuft, die effektivste Shoppingroute ausarbeiten, sich aus dem Büro davonstehlen und trotzdem ihre E-Mails beantworten, während sie gleichzeitig auf Schnäppchenjagd geht. Und sie kann ihre Lieblingsblogs und Mode-News checken, während sie auf ihre Verabredung zum Lunch wartet oder auf den Boardingaufruf oder darauf, dass endlich die Geschäfte öffnen.

Es ist ein wichtiges Accessoire, um mit Freunden und der ganzen Welt in Kontakt zu bleiben.

Übrigens

Das iPhone hat in der Beliebtheit das Blackberry längst vom Thron gestoßen. Und dabei wurde dieses schon wegen des hohen Suchtfaktors »Crackberry« genannt.

Meine Lieblingsseiten

Für Prominews:

- Pinkisthenewblog.com
- Perezhilton.com

Für Fashionupdates:

- fashionweekdaily.com
- style.com
- fashionista.com
- fabsugar.com
- bagsnob.com

Für Shoppingtouren (und Shoppingorgien):

- bluefly.com
- net-a-porter.com
- couturelab.com

Die Menschen sind
zu den Werkzeugen
ihrer Werkzeuge geworden.

Henry David Thoreau

41.
iPod

Was als Gebrauchsobjekt begann, ist inzwischen ein wesentliches Modezubehör. Die mit den ins Auge springenden weißen Ohrstöpseln sind ein allgegenwärtiges Accessoire in U-Bahnen und auf Schulhöfen der ganzen Welt (und sofort wünscht man sich, Aktien von Apple gekauft zu haben – wie gelegen käme das beim Schuhe-Shoppen!). Jedes Mal, wenn eine neue, noch kleinere Version auf den Markt kommt, rennen alle los, um sich das schlankere Modell zu kaufen. Einige gehen sogar so weit und verzieren ihren iPod über und über mit Swarovski-Kristallen und stecken ihn in von Designern entworfene Stofftaschen und Etuis. Das ist gut und schön, aber ein iPod spricht für sich. Und was immer Sie darauf hören – es sollte besser fantastisch sein.

Die Playlist der wirklich Modebesessenen sieht in etwa so aus …

- »Fashion«, David Bowie
- »Supermodel (You Better Work)«, RuPaul
- »I'm Too Sexy«, Right Said Fred
- »Dress You Up«, Madonna
- »Glamorous«, Fergie
- »Rich Girl«, Gwen Stefani ft. Eve
- »Girls in Their Summer Clothes«, Bruce Springsteen
- »Blue Jean Baby«, Elton John
- »Leather Jackets«, Elton John
- »She's a Rainbow«, Rolling Stones

- »Girl in T-Shirt«, ZZ Top
- »Lady in Red«, Chris de Burgh
- »Sunglasses at Night«, Corey Hart
- »Imelda«, Mark Knopfler
- »Raspberry Beret«, Prince
- »Diamonds on the Soles of Her Shoes«, Paul Simon
- »New Shoes«, Paolo Nutini
- »You Look Good in My Shirt«, Keith Urban
- »Addicted to Love«, Robert Palmer (die Videoversion)
- »Freedom«, George Michael (die Videoversion)

*Was sich nicht in Worte fassen lässt,
lässt sich noch am ehesten durch Schweigen
ausdrücken – oder durch Musik.*

Aldous Huxley

J K L

42.
Jeans

Ich werde ständig gefragt, was die beste Jeans ist. Und gerate jedes Mal bei dieser Frage in Panik. Das ändert sich doch jeden Tag, und ich denke mir immer: »Warum weiß ich das nicht?« Ich weiß es nicht, weil es diesen Jeanssnobismus gibt, der unserer einfachen Bluejeans den Garaus macht. »Wen trägst du? Ach, die kannst du nicht mehr anziehen! Du musst dir [hier die Jeansmarke der Woche einsetzen] kaufen.« Das ist einfach nur noch zum Lachen. Eines der einfachsten, lässigsten Kleidungsstücke der Welt wird zum Riesenproblem. Wir brauchen einen Jeansführer, um uns in diesem Dschungel zurechtzufinden. Lassen Sie sich davon nicht irremachen. Nehmen Sie die Jeans, die perfekt sitzt, und bleiben Sie dabei, egal, wie die Marke heißt. Der Sitz ist entscheidend, und letztlich ist das Wesentliche einer Jeans, dass sie so demokratisch ist. Seien Sie Sie selbst, und die Jeans passt.

Die schönste Erfindung seit der Gondel ist die Bluejeans.

Diana Vreeland

Übrigens

Im Schnitt besitzt die amerikanische Frau 8,3 Jeans.

In die Röhre geguckt: Vier Jeanstypen

- Die Klassische: Sie kauft die 501, Lees oder Wranglers. Sie ist bekannt dafür, in Secondhandläden rumzuhängen, die getragene Jeans verkaufen. Und wenn sie eine solche anprobiert, sieht diese aus, als laufe sie schon seit zwanzig Jahren darin herum. Ihr ist es absolut egal, welche Jeans gerade in ist.
- Die Modefanatikerin: Sie beobachtet den Jeansmarkt wie den Aktienmarkt. Wenn Sie wissen wollen, welche Marke im Moment angesagt ist, sie weiß Bescheid. Sie kann Ihnen haarklein erklären, wie die Taschen aussehen müssen, welche Marke letzte Woche in war und welche es nächste Woche sein könnte (Earnest Sewn, True Religion, Diesel).
- Die Europäerin: Sie trägt nur Designerjeans (Gucci, Prada, Versace).
- Die Grüne: Sie trägt nur umweltfreundliche Jeans wie Rogan und Edun.

Keine Ahnung, wann dieser Graben sich auftat, aber ich weiß, dass es inzwischen absolut stresst, sich eine Jeans zu kaufen. Es stresst allerdings nur so lange, bis man merkt, dass es nicht an der Marke liegt, ob die Jeans perfekt ist, sondern daran, ob sie sitzt und wie Sie sich darin fühlen. Und meistens geht's nur darum, wie Sie aussehen, wenn Sie gehen …

Blue Jean Baby

Haben wir alle schon erlebt. Diese Szene in der Umkleidekabine, wenn man zieht und zerrt und die zehnte Jeans anprobiert, während die Verkäuferin draußen fragt: »Wie kommen Sie klar?« Und man möchte nur die Hände rausstrecken und sie würgen. Stattdessen beruhigt man sich, lugt hinaus und bittet sie, noch ein paar Jeans in dieser oder jener Größe zu bringen. Und in der Größe darunter und darüber. Doch dann, beim zwanzigsten oder dreißigsten Versuch, hat man sie. Die perfekte Jeans. Klar, sie muss noch hier und da etwas abgeändert und natürlich noch eingetragen werden, aber im Prinzip handelt es sich um Liebe auf den ersten Blick.

- Gehen Sie nicht davon aus, dass eine Marke perfekt für Sie ist, weil sie teuer ist oder eine Freundin oder ein Promi »darauf schwört«. Eine Marke sitzt nie bei allen gleich gut.
- Probieren Sie eine Jeans mit Stretchanteil. Eine Offenbarung und eine Revolution.
- Denken Sie über eine weiße oder eine schwarze Jeans nach.
- Gehen Sie davon aus, dass Sie damit in die Änderungsschneiderei müssen. Man findet nur selten eine Jeans, die auf Anhieb richtig sitzt.
- Probieren Sie sämtliche Marken, Stile und Größen durch. Wer suchet, der findet.

Mode-Einmaleins

Die Jeans im Lauf der Jahrzehnte

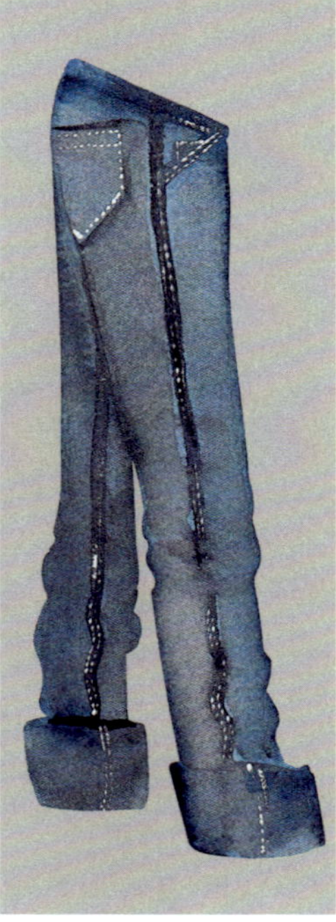

- **1853:** Der kalifornische Goldrausch. Die Goldsucher brauchen solide, strapazierfähige Kleidung, und Leo Strauss (der später seinen Namen in Levi änderte) liefert sie ihnen.
- **1930:** Jeans rücken ins Rampenlicht, als Schauspieler sie in den populären Western tragen.
- **1940:** Amerikanische Soldaten machen die Jeans in der ganzen Welt bekannt, als sie sie in ihrer Freizeit tragen.
- **1950:** Jeans werden ein Symbol für die Teenagerrebellion (denken Sie nur an James Dean in *… denn sie wissen nicht, was sie tun*). Jeans sind bei Jugendlichen so beliebt, dass sie an manchen Schulen verboten werden.
- **1960–70:** Die Jeans passen sich der Hippiemode an, sie werden bemalt, bestickt, ausgestellt, psychedelisch etc.
- **1980:** Die Jeans erobert die Haute Couture, und berühmte Designer beginnen, unter ihrem Namen ihre eigene Jeans zu entwerfen.
- **1990:** Die Verkäufe gehen in den Keller, als Teenager sich den Khaki- und Cargohosen zuwenden. Und falls sie doch eine wollen, dann nur eine alte Secondhand-Jeans. Elf nordamerikanische Levi-Strauss-Fabriken machen dicht.
- **2000:** Die Jeans erlebt ihr Comeback. Sie ist auf jedem Laufsteg dieser Welt zu sehen, in jedem Laden, jedem Modemagazin. Heute gibt es unzählige Marken, und irgendwie ist die unscheinbare Jeans zu einer Art Statussymbol geworden.

43.
Jeansjacke

Im Auf und Ab der Jeansjacke zeigt sich deutlich, wie die Mode sich jedes Jahrzehnt neu erfindet. Immer dann, wenn man denkt, sie sei passé, erlebt die gute alte Jeansjacke ein Comeback. In den fünfziger Jahren wurde sie populär durch die Rocker. Und in den sechziger und siebziger Jahren machten Janis Joplin und die Hippies sie zu ihrem Markenzeichen. Sie trugen sie zu Friedensdemonstrationen und Rockfestivals (und kombinierten sie sogar manchmal erfolgreich mit einer Jeans). Die Rocker waren so gut wie vergessen. Dann, in den achtziger Jahren, wollte jeder eine Jeansjacke – die Haarspray-Bands, die Punks, die Prinzessinnen (mit ihrem Glitzer und Glimmer) und alle anderen, die in keine dieser Schubladen passten. Sie wurde so sehr zum Synonym für dieses Jahrzehnt, dass wohl in den achtziger Jahren keine Party in den USA ohne ordentliches Jeansjackenkontingent stattfand. Und in den neunziger Jahren lieh sich Ralph Lauren die Jacke von den wilden Kids, kombinierte sie mit glockigen Prärieröcken, Cowboystiefeln und Türkisschmuck. Und plötzlich glaubte alle Welt, so hätte man die Jeansjacke seit jeher getragen. Wenn wir die Models jetzt mit superknappen und bauchfreien Jeansjacken sehen, nehmen wir Abstand von den Moden der letzten Jahrzehnte und wenden uns wieder dem Klassiker zu.

Jeansjacke hin und zurück

- Seien Sie extrem. Die Jacke sollte entweder wirklich dunkel oder wirklich ausgewaschen sein.
- Kaufen Sie sie eine Nummer zu klein oder sehr figurnah.
- Allgemein gilt, man sollte sie nie mit einer Jeans kombinieren. Der Jeanslook von Kopf bis Fuß bleibt den Cowboys vorbehalten – die wirklich Rodeo reiten und Vieh treiben. Aber eine blaue Jeansjacke zu einer weißen Jeans ist definitiv okay!
- Jeder Jeanshersteller müsste eine Jacke haben, aber unbedingt zu empfehlen sind Levi's, A.P.C., Diesel, Marc by Marc Jacobs. Und natürlich Secondhandläden.

44.
Kaftan

Ein Kaftan ist der Inbegriff von Entspannung und Luxus. Vergessen Sie die Bilder von Mrs. Roper aus *Herzbube mit zwei Damen* oder von Ihrer Omi am Swimmingpool. Hier geht's nicht um den Kaftan Ihrer Oma. Sondern um Talitha Getty in Marrakesch. Cristiana Brandolini in Venedig. Diana Vreeland in ihrer rubinroten Wohnung in Manhattan. Er ist so einfach und so selbstbewusst nicht modisch, dass er inzwischen wieder absolut in ist.

Die besten Designerkaftans – Muriel Brandolini (Cristianas Schwiegertochter), Allegra Hicks, Yves Saint Laurent Rive Gauche – finden Sie in den wirklich teuren Läden. Sie hätten lieber die Ethno-Version? Die finden Sie in Ethno-Läden – hier können Sie zwischen marokkanischen und indischen Kaftans wählen. Wie auch immer, mit einer Perlenkette und flachen Schuhen ist der Kaftan das Nonplusultra an Jetset-Chic. Sie können ihn aber genauso mit hohen Sandalen im Metallic-Look und einer Reihe exotischer Armreifen aufpeppen. Spielen Sie damit. Studieren Sie alte Modefotos aus den sechziger und siebziger Jahren und achten Sie auf Stil-Ikonen wie Babe Paley und Marella Agnelli. Diese Frauen trugen den Kaftan so, wie er getragen werden sollte.

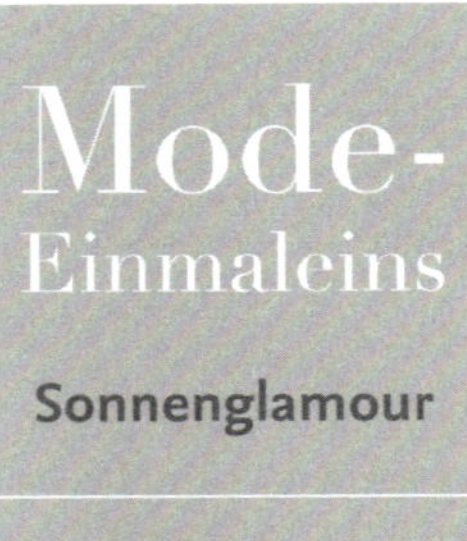

Mode-Einmaleins

Sonnenglamour

Die Geschichte des Kaftans reicht zurück bis ins vierzehnte Jahrhundert. Im Nahen und Mittleren Osten, wo das Klima leichte, kühle Kleidung verlangt, ist er zu Hause. In den sechziger und siebziger Jahren war der Westen besessen von allem, was aus dem Nahen Osten kam, und der Kaftan wurde auch hier modern. Yves Saint Laurent erlag der Faszination Marrakeschs und war der Erste, der den traditionellen Kaftan für die Haute Couture neu erfand und auf den Laufsteg schickte. So wurde das jahrhundertealte Kleidungsstück zum Inbegriff des Hippie-Chics der siebziger Jahre. Er eroberte sowohl den Jetset als auch die Studentenkreise und wurde die bevorzugte Uniform, um auf einem Sitzkissen zu fläzen, einen Joint kreisen zu lassen und über östliche Philosophien zu diskutieren.

Was ein Name verrät …

- **Kaftan:** Türkischen Ursprungs. Ein langer Umhang mit oder ohne Ärmel. Normalerweise bodenlang und weit geschnitten, meistens aus Leinen oder Seide.
- **Djellaba:** Ägyptisch/arabischen Ursprungs. Ein langes, fließendes Kleid. Wird im Nahen Osten normalerweise von Männern getragen.
- **Tunika:** Griechisch-römischen Ursprungs. Ein einfaches Kleidungsstück zum Hineinschlüpfen. Normalerweise knielang, kann aber auch kürzer sein (vor allem das moderne Tunikashirt; googeln Sie *Tory Burch*).

45.

Kamelhaarmantel

Ein wahrer Klassiker, der elegant und teuer zugleich wirkt, wenn die Farbe stimmt (ein goldener Braunton mit roten und hellbraunen Untertönen). Der Kamelhaarmantel ist *der* Mantel für die nobleren Stadtviertel, mit dem jede Jeans edel wirkt. Er verleiht einem durchgehend weißen oder schwarzen Outfit den gewissen urbanen Touch. Aber dieser Mantel ist nicht nur für den schicken Jetset. Jedes Mädchen braucht einen Kamelhaarmantel für kalte Wintertage, an denen der schwarze Mantel nicht in Frage kommt. Und für Jetset-Nächte.

Oh, dieser Luxus …

- Kamelhaar hat eine warme, satte Farbe, die sich wunderbar mit Schwarz, Weiß oder Braun kombinieren lässt.
- Calvin Klein, Ralph Lauren und Michael Kors haben immer eine tolle Version in ihren Kollektionen.
- Sie hätten gerne ein richtiges klasse Teil? Investieren Sie in reines Kamelhaar.

Mode-Einmaleins

Kamelhaar

Kamelhaar ist ein wertvolles Gewebe, das aus dem Unterhaar (Flaumhaar) des Kamels hergestellt wird. Sammler folgen den Kamelherden und heben die Haare auf, die spontan ausfallen. Die wertvollsten Haare kommen aus der Mongolei und vom Persischen Golf. Kamelhaar wird aus Kostengründen häufig mit Wolle gemischt. Eine Mischung aus Kamelhaar und anderen Fasern ist auf dem Etikett angegeben. Bei einem Produkt aus reinem Kamelhaar ist in der Regel ein Kamel auf dem Etikett abgebildet. Lesen Sie stets das Kleingedruckte.

46.
Kapuzenjacke

Die Kapuzenjacke mit Reißverschluss ist die Jeans- oder Lederjacke unserer Tage. Ursprünglich ein Kleidungsstück der Subkultur, hat es der Hoodie für jeden ersichtlich ins Zentrum der Modewelt geschafft. Jeder Promi, Musiker und jedes Model, das auf sich hält, besitzt mindestens zwanzig davon. In den Gängen von JFK, auf dem Hollywood Boulevard und samstagmorgens im Starbucks sind Kapuzenjacken beinahe Pflicht. Aber die mit Kaschmir oder Merinowolle veredelten Versionen sind absolut erwachsen und können zu den elegantesten Anlässen getragen werden.

Unter der Haube

- Achten Sie unbedingt auf einen figurbetonten Sitz. Schließlich möchten Sie einen schlanken, modischen Look und nicht schlampig und gammelig daherkommen.
- Setzen Sie die Kapuze auf, wenn die Frisur nicht absolut perfekt ist und die Paparazzi lauern.
- Kaufen Sie sich eine schwarze Kaschmirversion! (Wenn ich Ihnen noch einen Tipp geben darf: Kaufen Sie von allem eine schwarze Kaschmirversion, wenn es eine gibt.)

Mode-Einmaleins

Kapuzen-geschichte

Der erste Kapuzenpulli wurde von Champion hergestellt, um die Arbeiter in den Kühlhäusern New Yorks warm zu halten. In den siebziger Jahren setzte der Hoodie dann zu seinem modischen Höhenflug an, als Hip-Hop an Boden gewann und damit auch die Uniform der Hip-Hop-Gemeinde. 1976 kam dann der Durchbruch, als Sylvester Stallone im *Rocky*-Hoodie, seinem Markenzeichen, auf der Leinwand auftauchte. Im Lauf der Jahrzehnte wurde der Hoodie das Kleidungsstück der Wahl für junge hippe Finstergucker und die Übercoolen (sprich Skaterboys, Punkrocker, Hip-Hopper, Surfer, Paparazzi vermeidende Promis).

47.
Kaschmirpulli

Der Beginn der Liebesbeziehung von Frauen zu Kaschmir lässt sich auf 1937 datieren, als Lana Turner in dem Film *They Won't Forget* einen engen Kaschmirpulli trug. Diesen Pulli vergaß niemand. Ab da begannen Frauen Kaschmir zu horten.

Es empfiehlt sich, so viel wie möglich in so vielen Versionen wie möglich zu haben: einen Cardigan, einen Rolli, einen Pulli mit Rundhalsausschnitt, einen mit V-Ausschnitt, einen Wickelpulli und so weiter. Das Tolle an Kaschmir ist dieses seidige, federleichte Gefühl von Luxus. Außerdem ist Kaschmir Gramm für Gramm die wärmste Naturfaser, das heißt, Sie bekommen kuschelige Wärme ohne bauschiges Volumen.

Luxus muss bequem sein,
sonst ist es kein Luxus.

Coco Chanel

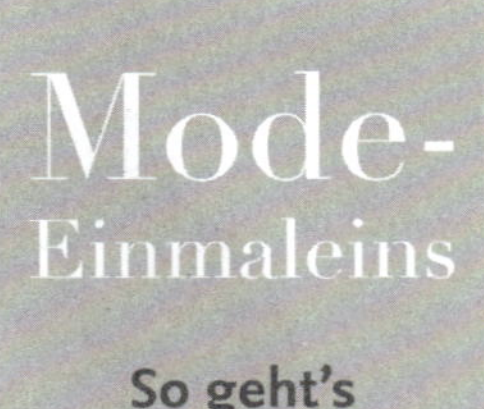

Kaschmir wird aus dem Unterfell der Kaschmirziege gewonnen. Diese Ziegen werden vor allem in der Mongolei und in China gezüchtet. Nachdem die feinen Fasern gesammelt wurden, werden sie meist nach Italien oder Schottland geschickt, wo sie zu Wolle gesponnen und Pullis daraus gestrickt werden.

Kaschmir kaufen

- Geben Sie etwas mehr aus. Kaschmir ist für jeden Preis zu haben, aber wenn Sie Qualität möchten, von der Sie länger etwas haben, müssen Sie mit mindestens 150 Euro rechnen.
- Ein wunderbarer Sommerpulli besteht aus einer Mischung aus Kaschmir und Seide.
- Je mehr Fäden versponnen sind, desto wärmer der Pulli (und desto teurer). Wenn Sie in den Bergen wohnen, lohnt sich diese Ausgabe, wenn Sie die meiste Zeit im warmen Süden leben, sind Sie mit weniger Fäden besser bedient.

48.
Khakihosen

Den beigen Twillstoff wird man für alle Zeiten mit amerikanischen Privatschulen und Polospielen assoziieren, doch er findet sich auch in jeder Saison auf den Laufstegen wieder. Er kann als Haute Couture daherkommen (denken Sie an mit Schulblazern kombinierte khakifarbene Jodhpurs) oder absolut lässig (verknitterte Chinos mit einem weißen T-Shirt von Hanes à la Diane Keaton in *Annie Hall*). Khakihosen sind häufig die Hose der Wahl für lässige Mädels, die es gerne einen Tick edler als mit einer normalen Jeans hätten.

Mode-Einmaleins

Earth Angel

Khaki, was auf Hindi-Urdu *erdfarben* bedeutet, wurde im neunzehnten Jahrhundert in Indien erfunden. Die britische Armee wollte ihre weißen Uniformen vor Staub schützen und begann, den Stoff mit Kaffee- und Currypulver zu färben. Der Stoff setzte sich bei den britischen und amerikanischen Uniformen durch und wurde später ein Favorit der Oberschicht und Popper.

49.
Kniehohe Stiefel

Bis in die sechziger Jahre waren Stiefel reine Männersache. Frauen trugen sie bei unfreundlichem Wetter, aber niemals der Mode wegen. Als dann Mary Quant in den Sechzigern den Minirock einführte, kam ihr André Courrèges mit dem Stiefel entgegen. Die Beine standen nun im Zentrum der Aufmerksamkeit. Es begann mit halbhohen Stiefeln, die bald nur noch »Go-Go-Boots« hießen, weil sie ideal zum Tanzen waren. Je kürzer die Röcke, desto höher wurden die Stiefel (die manchmal bis zum Oberschenkel reichten). So wurden sie ein echtes Symbol der Emanzipation. Bis heute haben Stiefel nichts von ihrer Sexyness und ihrer Power verloren: Sie sind immer noch nützlich, wenn Männer weiche Knie bekommen sollen.

Die Höhepunkte hoher Stiefel

Auf der Leinwand:

- 1968: Jane Fonda in *Barbarella*
- 1997: Heather Graham in *Austin Powers*
- *Charlies Engel* – die alten und die neuen

In Songs:

- »These Boots Are Made for Walking«, Nancy Sinatra
- »Kinky Boots«, Patrick Macnee und Honor Blackman
- »Don't Go Away Go Go Girl«, The Mr. T Experience

Aufgestiefelt

- Die Stiefel, die jedes Mädchen braucht, enden kurz unterm Knie und sehen am besten zu Röcken aus, die kurz überm Knie enden.
- Wer's wissen will, greift zu Stiefeln, die überm Knie enden. Und Mods lieben halbhohe oder flache Stiefel – die Go-Go-Boots.
- Wenn Sie kniehohe Stiefel mit Minirock kombinieren, sind blickdichte Strumpfhosen wohl die Strümpfe der Wahl.

50.
Kosmetiktasche

Auf den ersten Blick vielleicht ein eher unwichtiges Accessoire, aber jede Frau auf dem Sprung wird Ihnen erklären, dass sie ohne dieses Teil aufgeschmissen wäre. Einige Frauen legen sich ein edles Exemplar zu (Prada, Vuitton, Bottega Veneta, Tod's), andere halten's einfacher (LeSportsac oder MAC). Eine richtig hübsche Kosmetiktasche aus Satin oder Samt können Sie auch als Clutch verwenden, auf Reisen nicht unpraktisch. Ich habe die Satinversion von Prada in vier Farben, und in Notfällen verwende ich sie als Clutch oder bewahre Quittungen und Ähnliches darin auf.

Aber seien wir ehrlich, in diesem Fall zählen vor allem die inneren Werte (auch wenn Sie lieber eine hübsche Kosmetiktasche aus Ihrer Handtasche ziehen).

Bei Fotoshootings bin ich immer neugierig, was die anderen so alles in ihrer Kosmetiktasche haben. Werfen Sie einen Blick in meine.

- La Roche Posay Sunscreen: Seit Jahren ein Insidertipp. Dieser Sonnenschutz enthält einen besonderen Zusatz, Mexoryl, der gegen UVA- und UVB-Strahlen schützt.
- Kíehl's Lip Balm: Günstig, frei von Duftstoffen, macht süchtig.
- Guerlain Bronzing Powder: Schimmernder Puder, der Ihr Gesicht erstrahlen lässt, als sei es von der Sonne geküsst.
- Nivea Sun Selbstbräunerspray: Die Beine sehen im Nu dünner und straffer aus.
- Kérastase Haarserum: Für glatte, kräftige und glänzende Haare.
- Mario Badescu Drying Lotion: Pickel verschwinden über Nacht.
- Helena Rubinstein Force C Cream: Jedes Model und jeder Visagist schwört auf diese Creme.
- Maybelline Great Lash Mascara: Die rosa Tube mit dem grünen Verschluss.
- Mac Lidschatten: Tolle Farben, lässt sich perfekt verblenden und hält den ganzen Tag.
- Bobbi Brown Long-Wear Eyeliner: Dieser Gel-Eyeliner lässt sich leicht auftragen, kann natürlich oder dramatisch wirken und hält tatsächlich.
- Tweezerman-Pinzette: Erwischt jedes Haar!
- Shu Uemura Eyelash Curler: Kult unter den Wimpernformern. Damit klimpern die Wimpern.

Es gibt keine hässlichen Frauen,
nur faule.

Helena Rubinstein

51.
Kostüm

Kostüm heißt raffinierte Eleganz. Doch anders als viele Männer, die täglich einen Anzug tragen müssen, dürfen sich Frauen aussuchen, wann sie in ein Kostüm schlüpfen. Umso mehr Aufsehen erregen sie also, wenn sie eins tragen. Der Trick dabei ist, entweder ein mit Spitze verziertes Seidentop unter der Jacke anzuziehen oder ein einfaches weißes T-Shirt oder gar nichts. Und dann Schmuck, Haare und Make-up richtig einzusetzen. Und natürlich die perfekten Stilettos dazu zu kombinieren. Mit diesem entschieden femininen Touch zeigen Sie, wo's langgeht, und nicht das Kostüm.

Mein Vater pflegte zu sagen:
»Mach, dass sie auf dich schauen,
nicht auf den Anzug – der ist nebensächlich.«

Cary Grant

Kostümiert

- Die coole, moderne Art, ein Kostüm zu tragen, heißt, es aufzubrechen. Kombinieren Sie die Jacke mit einer Jeans oder den Rock mit einem Tanktop oder einem T-Shirt.
- Und achten Sie auch hier auf den perfekten Sitz. Der Schnitt ist alles.
- Sie suchen ein Kostüm fürs Büro? Nehmen Sie eins, das Sie auch für Einsätze außerhalb des Büros aufpeppen können. Damit sparen Sie auf lange Sicht einiges.
- Sie müssen im Büro ein klassisches Kostüm tragen? Personalisieren Sie es mit Schmuck etc. Passen Sie es Ihrem Stil an!

Insidertipps: **Wo frau es kauft**

- Chanel ist eine zeitlose Investition.
- Bei Dolce & Gabbana finden Sie sexy Versionen.
- Ralph Lauren und Giorgio Armani pflegen den klassischen Look.

52.
Kreolen

Seit jeher ein Standard für den Abend. Wie Diamantenohrstecker müssen auch Kreolen nicht echt sein, es geht auch so. Man bekommt sie für jeden Preis und in den verschiedensten Stilen und Größen. Aber bitte, bleiben Sie bei Gold oder Silber. Es gilt die Faustregel: je dünner, desto besser. Zwischen dünn und groß sowie dick und klein besteht eine perfekte Korrelation. Je größer und feiner die Kreolen sind, desto sexyer und jünger wirken sie. Je kleiner und kompakter, desto klassischer und eleganter. Und die großen, klobigen Türklopfer gehen gar nicht! Es sei denn, Sie machen Karriere als Backup-Tänzerin.

Kreolenkringel

- Achten Sie bei der Wahl der Kreolen auf die Proportionen. Sie sollen zu Ihrem Gesicht, Ihren Haaren und Ihrem Nacken passen.
- Nehmen Sie große, dünne, wenn Sie's gerne sexy hätten.

Insidertipps: **Meine Lieblingsstücke**

- Dean-Harris-Kreolen: Der Rolls-Royce unter den Kreolen. Sie sind dünn, aber elegant gearbeitet. Die schönsten Kreolen, nach denen sich Mode-Insider verzehren.
- XIV Karats: Ein Laden in Beverly Hills, der Kreolen in Gold und Silber und sämtlichen nur vorstellbaren Größen führt. Falls Sie sich, was die Größe der Kreolen angeht, zu so neurotischen Höhen wie eine Moderedakteurin aufschwingen wollen, ist das der Laden für Sie.
- Jacob the Jeweler: Die besten diamantbesetzten Kreolen. Auch hier gilt: je dünner, desto besser.

Was ein Mann wirklich von einer Frau hält,
erkennt man an den Ohrringen,
die er ihr schenkt.

Audrey Hepburn

53.

Lederhose

Eine Hose aus Leder zu tragen ist eine Ansage. So eine Hose ist etwas Ursprüngliches, und sie ist sexy (schließlich berührt hier Haut Haut), und das heißt, Sie sind bereit, es richtig krachen zu lassen und/oder ein paar Herzen zu brechen. Für eine Lederhose braucht man eine ordentliche Portion Selbstbewusstsein und dieses knallharte Auftreten. Denken Sie an Mick Jagger auf der Bühne – *I Can't Get No Satisfaction* (was ich ihm irgendwie nicht abnehme) – oder Lenny Kravitz, der von einer Amerikanerin erzählt, die ihn einfach nicht in Ruhe lässt (was ich ihm absolut glaube). Denken Sie an Joan Jett, Debbie Harry, Madonna, Janis Joplin. Sie haben sie alle getragen, und wie – superselbstbewusst und absolut knallhart. Eine Lederhose ist *das* Kleidungsstück für einen toughen, von sich überzeugten, sexy Rockstar. Und ist nicht jede von uns ein kleiner Rockstar?

Coole Kids in Leder

- Jim Morrison
- Mick Jagger
- Lenny Kravitz
- Angelina Jolie
- Joan Jett
- Catwoman

Insidertipps: **Meine Lieblingsstücke**

- Chrome Hearts: Die Haute Couture der Lederhose.
- Lost Art: Maßgeschneidertes Leder. Diese Firma schneidert Lenny Kravitz' Hosen.

Abgerockt

- Suchen Sie eine Hose, die knalleng sitzt. Probieren Sie sie eine Nummer kleiner als Ihre übliche Größe. Leder wird nämlich beim Tragen etwas weiter.
- Aber wählen Sie die Hose nicht zu eng. Schließlich möchten Sie Ihre Kurven zeigen und nicht die Blutzufuhr abschneiden.
- Halten Sie sich mit dem Drumherum zurück. Schnürungen an der Seite oder Nieten senken die Coolness drastisch.
- Tragen Sie eine Lederhose niemals zusammen mit Ihrer Lederjacke … es sei denn, Sie möchten den Tag auf dem Motorrad verbringen.

I love rock 'n' roll
so put another dime in the jukebox, baby …

Joan Jett & The Blackhearts

54.
Lingerie

Lingerie ist viel mehr als nur BHs (siehe Push-up-BH, Nummer 71) und Tangaslips (siehe Unterwäsche, Nummer 92). Jede Frau braucht ein paar vernünftige Teile und ein paar fürs Vergnügen. Weil es manchmal fürs Outfit entscheidend ist, was man darunter trägt. Und weil man sich manchmal einfach nur sexy und selbstbewusst fühlen möchte (ein Seidenunterkleid als Nachthemd) oder es einfach braucht (ein Seidenunterkleid unter dem Kleid).

Ich kenne Frauen, die haben ganze Schubladen voll beeindruckender Lingerie. Aber wenn es drauf ankommt, hier die vier Dinge, die Sie wirklich brauchen:

- Camisole: Zum Drunterziehen bei sämtlichen Blazern und Jacken dieser Liste.
- Seidenunterkleid: Zum Drunterziehen bei Kleidern, die wirklich ziemlich dünn oder anliegend sind.
- Negligé: Zum Schlafen und um sich sexy zu fühlen, wenn Sie es gerne einen Tick edler als Ihren Pyjama hätten (siehe Pyjama, Nummer 72).
- Seidenstrümpfe: Um Männer in den Wahnsinn zu treiben. Vergessen Sie Sexspielzeug, das ist alles, was Sie brauchen.

Tragen Sie Dessous,
die Ihnen das Gefühl von Glamour geben.
Damit haben Sie den Männern
den Kopf schon halb verdreht.

Elle Macpherson

55.
L.L. Bean Tote

Vor hundert Jahren war es unvorstellbar für eine Dame, eine Handtasche zu tragen, die größer war als unsere Clutch (und zwar eine kleine Clutch). Heute schleppen wir unser Leben mit uns herum, was eine wöchentliche Massage unumgänglich und eine Tragetasche von L.L. Bean notwendig macht. Die L.L.-Bean-Tragetasche ist laut Firmenaussage »die toughste Tragetasche, die es zu kaufen gibt«. Im Modejargon heißt sie L.L. Bean Tote, und Tote kommt von Englisch *to tote – schleppen*. Sie kam in den vierziger Jahren auf den Markt, um Eisblöcke und Feuerholz zu transportieren. Ich kann nur bestätigen, dass man damit auch sehr gut anderes schleppen kann: Weinflaschen für ein Picknick im Park, die Bücher der gesamten Sommerleseliste, die Snacks für einen Tag am Strand, Spielzeug, siebenundzwanzig Fashionmagazine, einen Laptop, dicke Manuskriptstapel und so weiter und so fort.

Übrigens

Die klassische L.L. Bean Tote wurde 1944 als Bean's Ice Carrier auf den Markt gebracht.

Schlepper, die nicht schlappmachen

- Ich empfehle, sich mehrere davon für zu Hause zuzulegen. Man braucht sie immer.
- Kaufen Sie sich welche mit Monogramm!
- Es gibt diese Totes in vier Größen. Die große ist die beliebteste und meiner Meinung nach auch die beste.
- Es gibt noch eine extragroße Version, die mir für normale Zwecke zu groß scheint. Aber wenn Sie besonders viel Feuerholz, Eis oder Wein schleppen müssen, ist es für Sie vielleicht die richtige Wahl.
- Sie hätten's gerne edel? Greifen Sie zu einer Tote aus Strukturleder, da sieht man die Kratzer nicht so. Achten Sie auf strapazierfähiges Futter (glattes Leder oder Wildleder) und auf Noppen am Boden, die die Tasche beim Abstellen schützen. Und natürlich auf bequeme Schulterriemen.

Das Erhabenste ist in seinem Wesen, seiner Art, seinem Stil, in allen Dingen das Einfache.

Henry Wadsworth Longfellow

M
N O

56.
Mad Money

Mad Money – das ist der Reserve-Fünfzig-Euro-Schein, den Sie immer im Geheimfach Ihrer Handtasche oder Brieftasche versteckt haben sollten. Stecken Sie ihn rein und vergessen Sie ihn sofort. Er ist für Notfälle gedacht und muss, falls er ausgegeben wird, sofort ersetzt werden.

Der Ausdruck »mad money« wurde von Howard J. Savage geprägt, er benutzte ihn am Ende eines Artikels über den am Bryn Mawr College gesprochenen Slang. Darin definierte er *mad money* als das »Geld, das ein Mädchen bei sich hat für den Fall, dass es sich mit seinem Begleiter verkracht und allein nach Hause gehen möchte«, oder für den Fall, dass es an einem Secondhandladen vorbeikommt, der keine Kreditkarten akzeptiert, aber genau das kleine Schwarze, die Clutch oder den Cocktailring im Schaufenster hat, nach dem es schon ewig sucht …

57.

Männerhut

Einen Raum mit einem Männerhut auf dem Kopf zu betreten ist, als hätte man eine Sonnenbrille auf der Nase – man erregt gleichzeitig Aufmerksamkeit und lenkt sie ab. Mit einem Hut fallen Sie garantiert auf, aber Sie können sich auch darunter verstecken. Jede Frau sollte einen Männerhut im Schrank haben, mit dem sie sich wohlfühlt. Kaum etwas ist sexyer als eine Frau, die einfach einen Hut aufsetzt und in die Welt hinausmarschiert.

Typen

- Der Fedora: Ein weicher Filzhut, der längs der Krone nach unten geknickt und an der Vorderseite an beiden Seiten eingekniffen ist. Der Fedora wird häufig mit Gangstern und Detektiven assoziiert, und diese Aura von Gefahr und Geheimnis wurde er nicht ganz los, obwohl er es auf die modischsten Köpfe geschafft hat. Also tragen Sie ihn mit Haltung. Mit viel Haltung.
  Berühmte Fans: Greta Garbo, Madonna, Keira Knightley, Frank Sinatra, Al Capone

- Trilby: Ein Filzhut ähnlich dem Fedora, aber mit einer schmaleren Krempe. Bei Jazz- und Soulmusikern war der Trilby immer sehr beliebt. In letzter Zeit hat er eine Fangemeinde unter den Indie- und Emo-Kids in Großbritannien.
  Berühmte Fans: Agyness Deyn, Justin Timberlake, Victoria Beckham

- Der Panamahut: Er wird aus Toquillastroh geflochten und hat gewöhnlich eine breite Krempe und einen Knick in der Krone. Er ist federleicht und hat den großen Vorteil, dass er die Form nicht verliert, wenn man ihn aufrollt, was ihn zum perfekten Reisehut macht. In den Filmen des frühen zwanzigsten Jahrhunderts können Sie sicher sein, dass der Schauspieler, wenn es Sommer ist und er elegant wirken soll, vom Kostümbildner einen Panamahut aufgesetzt bekam.
  Berühmte Fans: Bob Dylan, Clark Gable

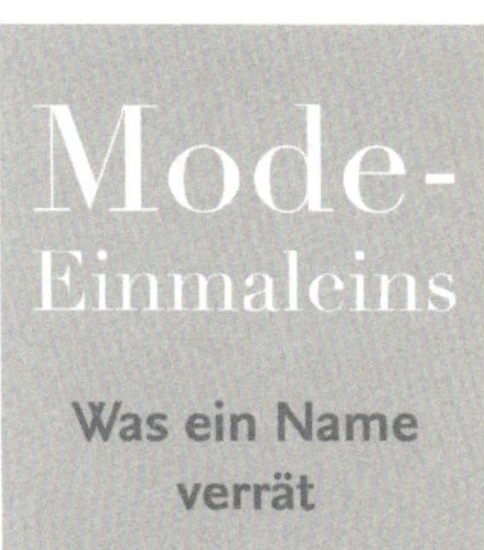

Mode-Einmaleins

Was ein Name verrät

Fedora: Obwohl der Fedora oft mit Männern assoziiert wird, stammt der Name von der weiblichen Hauptfigur des Theaterstücks *Fedora* von 1880.

Trilby: Auch dieser Hut verdankt seinen Namen einem Theaterstück, für das der 1894 erschienene Roman *Trilby* die Vorlage lieferte. In der Londoner Produktion trug einer der Schauspieler einen Hut in diesem Stil, und der Name blieb hängen.

Panamahut: Der Panamahut wird in Ecuador hergestellt, doch als der Panamakanal gebaut wurde, wurden für die Bauarbeiter Tausende dieser Hüte aus Ecuador importiert. Als der amerikanische Präsident Theodore Roosevelt 1904 von einem offiziellen Besuch des Kanals heimkehrte, trug er einen solchen Hut, und ab da hießen sie Panamahut.

Hut-Trick

Stehen Sie zu Ihrem Hut. Ein Hut braucht Selbstvertrauen, sonst wirkt er nicht.

Setzen Sie den Hut schief auf – damit sagen Sie alles.

Frank Sinatra

58.
Mary Janes

Es liegt an diesem Lolitafaktor, dass wir Mary Janes so lieben. Schließlich haben wir alle diese Riemchenschuhe als kleine Mädchen getragen, aber mit hohem Absatz und spitz zulaufend sind sie etwas ganz anderes – süß und sexy zugleich. Und die Fans gurren: »Oh, wie bezaubernd«, aber auch: »Oh, wie umwerfend.«

In jeder Saison gibt es eine neue Version, die man unbedingt haben möchte. Die besten Mary Janes findet man in der Regel bei Manolo Blahnik, Christian Louboutin ... und Christian Louboutin. Auch Miuccia Prada bringt stets eine Version auf den Laufsteg. Aber wenn Sie bereit sind, für die Mary Janes viel Geld auszugeben, dann investieren Sie am besten in Manolo Blahniks spitz zulaufende Stilettoversion. Als Manolo Blahnik sie auf den Markt brachte, waren alle ganz verrückt danach, und sie waren sofort ausverkauft. Sie gelten noch immer als *die* Mary Janes.

Übrigens

Mary Janes wurden in den zwanziger und dreißiger Jahren beliebt, als die Röcke kürzer und die Schuhe wichtiger wurden. Ihre Beliebtheit verdanken sie vor allem zwei Dingen: Sie sahen toll aus, und man konnte in ihnen tanzen. Und ohne Letzteres ging in den zwanziger Jahren gar nichts.

Angeschnallt

- Lackleder ist am besten. Aber warum versuchen Sie es nicht mit Samt oder einem Animalprint?
- Ein kleiner Kick tut den Mary Janes gut. Ein superhoher Absatz, eine tolle Spitze oder vielleicht Nieten. Nur süß und züchtig geht nicht.
- Ein schmaler Riemen ist besser, weil er das Bein nicht optisch verkürzt.

Mode-Einmaleins

Was ein Name verrät

Der Name stammt von einer Comicfigur, Mary Jane aus dem *Buster-Brown*-Comic, die Riemchenschuhe trug. Auch nach Mary Janes Bruder, Buster Brown, wurde ein Schuh benannt.

Hast du überhaupt 'ne Ahnung, was das ist?
Manolo Blahniks! Ich dachte,
das wär nur eine urbane Schuhlegende!

Carrie Bradshaw

59.
Missoni-Strickwaren

Wann immer eine Frau ein Stück von Missoni trägt, erkennen das die meisten anderen Frauen bereits aus der Ferne und beneiden sie. Diese Reaktion ist schon beinahe selbstredend. Und dann sehen sie sich das Kleidungsstück näher an, um herauszufinden, wie viele Muster, Farben und Textilien Missoni in einem einzigen, unglaublichen Stück untergebracht hat. Es ist einfach nur schön. Wahrscheinlich finden sich Streifen kombiniert mit Zickzacklinien, Baumwolle kombiniert mit Pelz. Wolle, Viskose, Leinen und Seide. Blumenmuster und geometrische Muster. Die Kombinationen sind unfassbar genial. Missonis Entwürfe zeichnen sich durch ihre einzigartige Verbindung aus nicht zueinanderpassenden Mustern, Motiven und Farben aus. Bei Missoni ist alles erlaubt, und genau deshalb sind sie auf der ganzen Welt berühmt und werden überall erkannt und bewundert. Es gibt ein paar Designer, die unverwechselbar und unvergesslich sind und nicht ihresgleichen haben. Ihre Stücke sind durch nichts zu ersetzen und verlieren niemals ihren Wert. Ein Strickkleid von Missoni ist unbestritten eines dieser Stücke. Ob es keine anderen Strickkleider gibt? Aber natürlich. Doch werden diese in zehn, zwanzig oder dreißig Jahren noch immer aktuell sein? Eher nicht.

Rosita Missoni fasst ihre Meinung darüber, was ihre Firma macht, perfekt in Worte: »Unsere Philosophie war seit Anfang an, dass ein Kleidungsstück wie ein Kunstwerk sein soll.«

Immer wenn ich Missoni trage, fühle ich mich wie ein Kunstwerk. Und alle Frauen verdienen es, sich so zu fühlen, wenn sie etwas so Schönes tragen.

Mode-Einmaleins

Missoni

Das Unternehmen wurde 1953 von Ottavio (»Tai«) Missoni und seiner Frau Rosita gegründet, dem Jahr, in dem sie heirateten. Das Paar lernte sich 1948 bei den Olympischen Spielen kennen. Ottavio hatte die Sportanzüge für das italienische Nationalteam entworfen (am Rande: 1938 war er der italienische Meister im 400-Meter-Lauf, und 1948 kam er im Hürdenlauf über 400 Meter ins Finale). Rosita arbeitete in der Strickwarenfirma ihrer Familie. Die zwei lernten sich in Wembley in London kennen, heirateten fünf Jahre später und schufen mit vereinten Kräften Strickwaren (Rositas Stärke) mit irren, farbenprächtigen Mustern (Tais genialer Einfall). Ihr Ruhm festigte sich, als sie 1967 eingeladen wurden, ihre Kollektion im Palazzo Pitti in Florenz vorzustellen. In letzter Minute bat Rosita die Models, den BH auszuziehen, da sich dieser unter den dünnen Blusen abzeichnete. Im Licht der Scheinwerfer wurden die Blusen transparent, und die Sensation war da. Im Jahr darauf erhielten die Missonis keine Einladung.

Jetzt, vierzig Jahre später, ist die Firma noch so ehrfurchtgebietend wie eh und je. Der Sinn für Spaß, Vitalität und Jugend ist nie verloren gegangen. Was vielleicht auch damit zu tun hat, dass diese Familienfirma es versteht, die jüngere Generation in diesen irren Mix einzubinden. Inzwischen führt Angela Missoni die Firma, und ihre Tochter, Margherita, ist eines der schicksten Mädchen da draußen und führt den Namen und die Tradition der Missonis weiter.

60.
Mokassins

Mokassins sind auf raffinierte Weise stylisch. Schuhe eben, die zeigen, dass Sie ein Freigeist und absolut entspannt sind. Sie sind oldschool, unaufdringliche und lässige Klassiker. Und sowohl in der Stiefel- wie der knöchelhohen Version großartig. Mit einer schmalen Jeans und einem T-Shirt oder abgeschnittenen Shorts und nackten Beinen à la Kate Moss sehen sie einfach umwerfend aus. Aber bitte niemals mit Socken tragen! Der typische Schuh für coole Mädels, die es auf diesen Ich-geb-mir-nicht-verzweifelt-Mühe-Look anlegen, der untrennbar mit Mokassins verbunden ist. Es gibt unzählige modische Varianten des Originals, aber das Original schlägt die Nachahmer um Längen.

Übrigens

Mit dem Design der Perlen vorn auf dem Mokassin zeigte man, zu welchem Stamm man gehörte.

Mode-Einmaleins

Minnetonka Mokassin

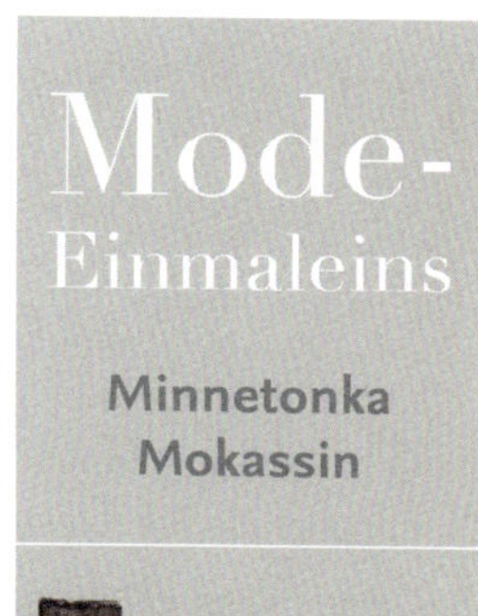

Mokassins, die erste Fußbekleidung Amerikas, wurden jahrhundertelang von den Indianern getragen, die Städte und Vorstädte eroberten sie allerdings erst in den vierziger Jahren. Als die Amerikaner nach dem Zweiten Weltkrieg die Highways entdeckten, legten sie häufig an den Indianerreservaten eine Pause zum Shoppen ein. Die Minnetonkas wurden ein beliebtes Souvenir, und der Minnetonka Mokassin mauserte sich zum Klassiker.

Bewahre mich davor,
über einen Menschen zu urteilen,
ehe ich nicht eine Meile in seinen Mokassins
gegangen bin.

Indianisches Sprichwort

61.

Morgenmantel

Einen Morgenmantel aus Seide braucht man unbedingt für lange Wochenenden und den Morgen danach. Falls man sich versehentlich aus der Wohnung ausschließt, sollte man immer den besten Morgenmantel tragen. Ich bewundere Frauen, die im Morgenmantel oder Negligé gut aussehen. Das sind Frauen, die, wenn sie den Schüssel zu ihrem Hotelzimmer verlieren, einfach glamourösen Schrittes zur Lobby schreiten können, ohne sich lange den Kopf zerbrechen zu müssen. (Tipp: Normalerweise tragen diese göttlichen Geschöpfe einen edlen Pyjama und feine Hausschuhe darunter.) Sie haben keinen Grund, verlegen zu sein oder sich zu schämen. Sie können, wenn ihnen danach ist, an der Bar in der Lobby ein Päuschen einlegen. Ich liebe die Vorstellung, dass wir alle so sein könnten. Und eigentlich braucht man dafür nur einen Morgenmantel aus Seide (und den Pyjama und die Hausschuhe dazu). Ist das wirklich so schwierig?

Ummantelt

- Baumwolle, Kaschmir und Seide, das sind die drei Standardmaterialien. Kein Frottee und niemals Chenille!
- Sie entscheiden sich für Seide? Halten Sie es einfach. Keine Blumen, keine Spitzen, keine Muster. Sie wollen schließlich nicht aussehen wie aus dem Irrenhaus entsprungen.
- Sexy ist es natürlich, einen seidenen Männermorgenmantel zu tragen. Da beginnt sofort jeder zu grübeln, was Sie wohl noch vor ein paar Minuten gemacht haben.
- Originell wäre natürlich ein Seidenkimono aus einem Asialaden. Da gehen auch Blumen klar!
- Und wagen Sie es ja nicht, einen Frotteemorgenmantel zu tragen, der Ihnen fünf Nummern zu groß ist. Darin sehen Sie zehn Kilo schwerer aus. Übel!
- Wo es so was zu kaufen gibt? Sehen Sie unter Pyjama nach (Nummer 72).

Den Mantel gib, setz mir die Krone auf,
Ich fühl ein Sehnen nach Unsterblichkeit!

Cleopatra in Shakespeares *Antonius und Cleopatra*

62.

Motorradjacke

Sie ist schon länger fester Bestandteil der allgegenwärtigen Coolness-Uniform. Sie ist *die* Jacke der Subkulturen: der Biker, Rock'n'Roller, Punker, Metalheads, Rebellen (ob diese nun wissen, was sie tun, oder nicht). Und weil die Modewelt Subkulturen liebt, wird die Motorradjacke stets die Jacke der Wahl für die absolut Stylischen unter uns bleiben. Jedes Model, jede Schauspielerin und jede Musikerin hat ihre gute alte Version davon, die sie überwirft, wenn sie etwas mehr von diesem schwer greifbaren, ach so flüchtigen Coolnessfaktor braucht. Sie sollte in Ihrem Schrank hängen für die Tage, an denen Sie Ihrer inneren Françoise Hardy, Marianne Faithfull oder Sex Pistols etwas Luft geben wollen. Oder allen dreien auf einmal – der It-Faktor ist definitiv hoch.

Denn sie wissen, was sie tun

- Vermeiden Sie den Eindruck, Sie lebten noch immer in den Achtzigern, und verzichten Sie auf glänzendes, billiges Leder. Für Motorradfahrer nur beste Ware. Und verzichten Sie auch auf die doppelreihige Version oder die mit schräg geschnittenem Reißverschluss. Die wenigsten können das so tragen, wie es einem stylischen Rebellen geziemt.
- Entscheidend sind die Proportionen. Entscheiden Sie sich für übergroß oder extrem knapp. Klauen Sie sich die Jacke von den Jungs oder kaufen Sie sie sich eine Nummer kleiner. Und schließen Sie keinen faulen Kompromiss.
- Abgetragen ist am besten. Vintage ist super – die besten Lederjacken scheinen sich in den Vintage-Shops von L. A. zu verstecken. (Einige Dinge findet man am leichtesten in Vintage-Läden in L. A., Lederjacken gehören dazu.)
- Kombinieren Sie sie mit den üblichen Verdächtigen: Röhrenhosen, kurzen Röcken, Jeans und Jeansröcken. Aber trauen Sie sich ruhig, dazu auch mal ein feminines Kleid oder einen Bleistiftrock und ein Spitzentop zu tragen. Französisch wird der Look mit einem weißen Matrosentop, einer schmalen Hose und flachen Schuhen. Aber wofür Sie sich auch entscheiden, beschränken Sie den Schmuck auf das Nötigste. Bikerbabe und Diamanten passen einfach nicht zusammen.

Insidertipps: **Meine Lieblingsstücke**

- Rick Owens: Das neueste coole Kid im Block. Er hat diese faszinierenden papierdünnen Versionen, die alle Mode-Insider lieben. Owens bringt es am besten auf den Punkt: »Ich beschreibe meine Sachen als Frankenstein und Garbo, die sich in einer Lederbar ineinander verlieben.«
- Topshop, H&M, Forever 21: Haben alle tolle, preiswerte Versionen. Wenn wir ein Fotoshooting haben und auf die Schnelle eine braune Lederjacke brauchen, können wir immer auf diese Ketten setzen. Rebell auf Nachfrage.
- Balenciaga, Comme des Garçons, Gucci: Das sind die großen Namen, auf die immer Verlass ist. Hier bekommen Sie immer eine Motorradjacke, und Sie können sicher sein, es handelt sich dabei um die klassische, strapazierfähige Version. Der Preis schockt Sie vielleicht, aber letztlich investieren Sie in ein Teil, das für Haltung und Chuzpe steht. Das ist jeden Euro wert.

What're you rebelling against, Johnny?
Whaddya got?

Aus dem Film *The Wild One* (Der Wilde),
mit dem Marlon Brando die Lederjacke
zur Rebellenuniform machte

Mode-Einmaleins

Fashion versus Function

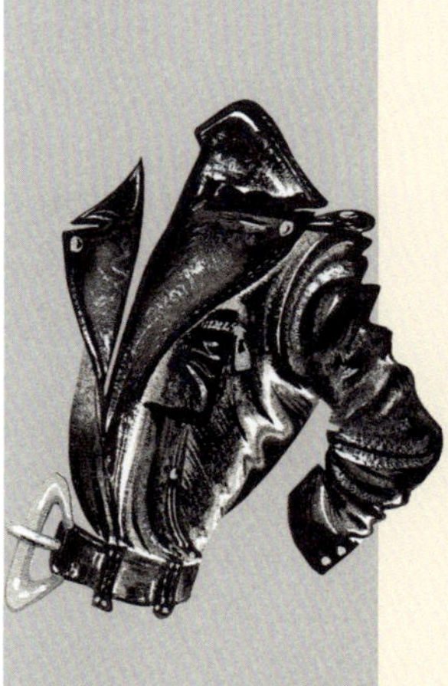

Bei der Lederjacke ging es anfangs rein um die Funktion, sie sollte Biker bei einem Sturz schützen. Das Original, die Schott Perfecto, kam 1928 auf den Markt. Damals gab es sie für 5,50 Dollar im Harley-Davidson-Laden auf Long Island. Das Design war robust und strapazierfähig, die Biker waren sofort begeistert. Es gibt sie noch heute zu kaufen (allerdings nicht mehr für 5,50 Dollar!), und sie ist ein gigantisches Mode-Statement. Mit den Versionen von Rick Owens und Balenciaga hat sie allerdings nicht viel gemein.

Bei einer echten Motorradjacke ist jedes Detail mit Bedacht gewählt und zweckmäßig. Das Leder ist mindestens einen Millimeter dick, um die Fahrer bei einem etwaigen Aufprall zu schützen. Sie hat auch viele nützliche Taschen und einen besseren Wetterschutz. Der Rücken ist vielleicht etwas länger, damit der Fahrer sich bequem nach vorn beugen kann und trotzdem vor dem Wind geschützt ist. Die Ärmel sind normalerweise ergonomisch geformt, sprich leicht gebogen. Eine Lederjacke, bei der es um die Mode geht, braucht das alles nicht. Das Leder ist meist viel dünner, die Taschen sind nach ästhetischen Gesichtspunkten gestaltet und nicht danach, möglichst viel Platz zu schaffen. Die Ärmel sind gerade geschnitten etc. Aber wenn eine Lederjacke richtig gemacht ist, sieht sie so oder so cool aus – ob Sie damit aufs Bike steigen oder sich in die Clubszene stürzen.

63.
Nagellack

Nagellack muss extrem sein. Immer. Nehmen Sie vampirroten oder ein sehr, sehr helles Rosa. Samtschwarz geht auch, wenn Ihnen nach Gothic oder Punkrock zumute ist. Aber schlagen Sie einen weiten Bogen um die Palette mit den lauen Farben. Mit Korallen- und Fuchsiatönen gibt's nur Probleme. Sie können sich nicht entscheiden? Greifen Sie zu einem klaren Lack. Der ist elegant und passt zu jedem Look.

Und die vier Nagellacksieger sind:

- Der rote Nagellack: Chanel Vamp Rouge Noir. Diese Farbe hat mich noch nie im Stich gelassen.
- Der sehr, sehr helle rosa Nagellack: Essie Ballet Slippers. Hell, einfach, feminin, klassisch.
- Der schwarze Nagellack: Chanel Black Satin. Hardcore. Aber auf eine gute Art.
- Der klare Nagellack: OPI Designer Series Topcoat. Damit zeigen Sie, dass Sie es mit allem aufnehmen. Ohne Wenn und Aber.

Mode-Einmaleins

Lack

Der Nagellack wurde vor 500 Jahren in der Ming-Dynastie erfunden. Die Mitglieder des chinesischen Kaiserhauses trugen Nagellack, die Farbe richtete sich nach den Farben des jeweiligen Herrscherhauses. Aber schon die Ägypter färbten sich die Nägel mit einer rotbraunen Hennapflanze und benutzten Lack, um ihren Rang zu zeigen. Königin Nofretete hatte rubinrote Fingernägel, und Cleopatra färbte sie sich rostrot (wie stylisch diese Königinnen waren!). Doch Frauen niedrigeren Ranges mussten sich mit sehr hellen Farben zufriedengeben. Heute kann man am Nagellack nicht mehr erkennen, welchen Rang oder Titel die Trägerin besitzt, sehr wohl jedoch ihren Geschmack und Sinn für die Situation – also wählen Sie weise, die Leute achten darauf. Ich zumindest tu es.

64.

Netzstrümpfe

Netzstrümpfe wurden ursprünglich nur von zwielichtigen Frauen in sehr, sehr dunklen Kaschemmen getragen, aber in den zwanziger Jahren wurden sie von furchtlosen Moderevolutionärinnen ans Tageslicht gezerrt. Marlene Dietrich machte sie zum Modehit. Am stärksten wirken sie, wenn man nur ein kleines Stück Netzstrumpf aufblitzen sieht (ein paar Zentimeter am Knie, einen Zentimeter am Zeh). Das Spiel mit Netzstrümpfen ist unglaublich sexy und reizvoll. Es drängt sich sofort die Frage auf, was wohl darunter ist. Ein Hauch Marlene Dietrich? Ein Touch Dita Von Teese? Aber ein ganzes netzbestrumpftes Bein mit einem zu kurzen Rock und einem zu hohen Absatz raubt der Sache den Reiz. Da wissen wir sofort, was für eine Art Frau wir vor uns haben. Nicht eine, die Sie sein möchten.

Mal sehen, was ins Netz geht

Netzstrümpfe sind supersexy, wenn man keinen Fehler macht. Und superdaneben, wenn man welche macht.

- Wählen Sie ein feines Netz, zwischen 0,3 und 0,6 Zentimeter. Je kleiner, desto besser.
- Tragen Sie dazu ein schickes, elegantes Outfit. Vielleicht eine Bluse und einen Bleistiftrock oder eine Hose, die ein paar Fingerbreit Netzstrumpf am Fuß aufblitzen lässt.
- Versuchen Sie es mit hautfarbenen Netzstrümpfen.
- Zeigen Sie nicht zu viel Strumpf. Ein kleines Stück Netzstrumpf am Knöchel, wenn Sie eine figurnahe Hose tragen, bewirkt viel mehr als ein ganzes Bein mit hohen Hacken und einem kurzen Rock.

Im Grunde bin ich das Mädchen,
vor dem Ihre Mutter Sie immer gewarnt hat.

Dita Von Teese

P

R

N°5
CHANEL
PARIS
PARFUM

65.
Parfüm

Parfüm ist eine mächtige Waffe. Es beamt Sie im Nu zurück in wunderbare Momente der Vergangenheit, zu einem wundervollen Sommernachmittag, an den Strand, zu Ihrem ersten Kuss und alten Lieben. Manche Frauen haben ein Parfüm für den Tag und eines für die Nacht, andere eines für jede Jahreszeit. Einige probieren ein Parfüm aus, sobald ein berühmter Name dafür wirbt, und andere tragen denselben Duft wie damals mit sechzehn.

Ich selbst finde es am besten, man findet seinen persönlichen Duft und bleibt dabei. Damit der Exliebhaber, wenn er in den Aufzug tritt und Ihren Duft riecht, an die eine denkt, die er verloren hat …

Eine Frau ohne Parfüm ist eine Frau ohne Zukunft.

Coco Chanel

Wunschzettel: **Der Duft der Frauen**

Hier ein paar bewährte Langzeitfavoriten:

- Santa Maria Novella: Santa Maria Novella ist eine der ältesten und beliebtesten Apotheken der Welt. Sie befindet sich in Florenz, und das seit 1221. Ihr Aqua di Colonia ist wohl ihr beliebtester Duft und als »Aqua della Regina« – Königinnenwasser – bekannt.
- Fracas: Ein süßer, blumiger Duft, den Robert Piguet 1948 komponiert hat. Seit Jahrzehnten ein Hit und Kult unter den Eingeweihten (wie Madonna, Martha Stewart, Sofia Coppola).
- Jeder Männerduft: Viele der schicksten und faszinierendsten Frauen der Welt sind bekannt dafür, Männerdüfte zu tragen (wie Angelina Jolie, Elle Macpherson und Carine Roitfeld).
- Chanel N° 5: Eh klar.

Übrigens

Alle dreißig Sekunden wird eine Flasche Chanel N° 5 verkauft.

Mode-Einmaleins

Chanel N° 5

1922 beschloss Coco Chanel: »Ich möchte einen künstlichen Duft für Frauen kreieren. Und ich meine wirklich künstlich, wie ein Kleid, etwas, das gemacht worden ist. Ich will keine Rosen oder Maiglöckchen, ich möchte ein komponiertes Parfüm.« In diesem Jahr beauftragte sie Ernest Beaux, sechs »künstliche« Düfte zu entwickeln. Nachdem sie alle sechs getestet hatte, entschied sich Chanel für die N° 5. Die berühmte Komposition war geboren. Es war das erste Parfüm, das in großem Stil synthetische Substanzen und Aldehyde einsetzte. Bevor man synthetische Substanzen verwendete, musste Parfüm stark oder wiederholt aufgetragen werden. Doch auf Chanel N° 5 konnten sich die Frauen einen ganzen Abend lang verlassen, und Chanel N° 5 konnte sich beinahe ein Jahrhundert lang auf die Frauen verlassen. Wenn es so etwas wie eine perfekte, auf gegenseitiger Abhängigkeit beruhende Beziehung gibt, dann diese.

Wo man Parfüm tragen soll?
Dort, wo man geküsst werden will.

Coco Chanel

66.

Pelz

Für Pelz gibt es zwei Möglichkeiten: Erbstück oder Fake. Nur fantastisch sollte er sein. Wenn er nicht umwerfend und supertoll aussieht, ist er es nicht wert, getragen zu werden!

Falls Sie sich überlegen, ein Erbstück zu tragen

In Deutschland geht echter Pelz allenfalls an Krägen durch. Aber wenn man ein wirklich schönes Stück erbt, das vielleicht deutlich als Vintage zu erkennen ist, sollte man das Glanzstück natürlich in Ehren halten. In Italien bekommen die Mädchen aus gutem und reichem Hause an ihrem achtzehnten Geburtstag alle einen Pelzmantel geschenkt. Die Italiener sammeln Pelze wie Franzosen Schals und Amerikaner Jeans, daher können sie Ihnen frank und frei sagen, wie man Pelz am besten trägt. Nämlich mit allem.

Falls Sie sich für einen falschen Pelz entscheiden

Begehen Sie nicht den großen Fehler, sich einen falschen Pelz zu kaufen, der wie ein echter aussieht. Nein! Nein! Googeln Sie *Prada's Fake Classic Fall 2007*. Schauen Sie sich an, wie Miuccia Prada gar nicht erst versucht, ihre falschen Pelze wie echte aussehen zu lassen, und ihnen stattdessen ein ganz eigenes Leben und eine ganz eigene Schönheit gibt, indem sie sie zum Beispiel in einem schockierenden Orange einfärbt oder übertrieben riesige, weiße, unmöglich flauschige Mäntel schneidert. Es ist so offensichtlich, dass sie falsch sind, und genau das macht sie so unglaublich umwerfend chic.

Großartige Pelzmomente

- 1953: Marilyn Monroe und Lauren Bacall in *Wie angelt man sich einen Millionär?*
- 2001: Gwyneth Paltrow in *The Royal Tenenbaums*.
- 2006: Meryl Streep in *Der Teufel trägt Prada*.

67.
Perlenkette

In lange Reihen gelegt sind Perlen wunderbar. (Googeln Sie *Coco Chanel in her pearls.* Oder die Lanvin-Show 2005. Oder Sarah Murphy, die Salonlöwin aus den zwanziger Jahren, die ihre Perlen am Strand trug – das sollten wir alle tun!) Denkt man bei Perlen zu sehr an ihren Wert oder nimmt sie zu ernst, ist es vorbei mit cool. Für Perlen braucht man Kreativität, damit es nicht zu abgehoben und dröge wird. Kombinieren Sie sie mit einem papierdünnen Tanktop und gefährlich hohen High Heels. Oder mischen Sie Ihren Modeschmuck darunter oder dicke Bikerketten. Perlen dürfen echt oder falsch sein. Das ist nicht der Punkt – aber sie dürfen niemals hochnäsig rüberkommen.

Wo frau sie kauft

- Mikimoto: Wenn Geld keine Rolle spielt, sind Sie hier am besten bedient.
- Lanvins Perlen am Band: Diese Halsbänder waren so umwerfend, dass sie allein Lanvin 2005 in den Mittelpunkt der Modewelt rückten.
- eBay oder das Modeschmuckgeschäft um die Ecke, wenn Sie tolle, billige Fake-Perlen suchen.
- Meine Lieblingsperlen sind Barockperlen (unregelmäßig geformte Perlen), die nicht perfekt und in anderen Farben als weiß erhältlich sind.

Übrigens

- **1916:** Der Juwelier Jacques Cartier kauft sein Ladengebäude in Manhattan für eine doppelreihige Perlenkette.
- **1996:** Jackie O.s falsche Perlenkette im Wert von 80 Dollar bringt bei der Auktion 211 500 Dollar ein.

68.
Pilotenbrille

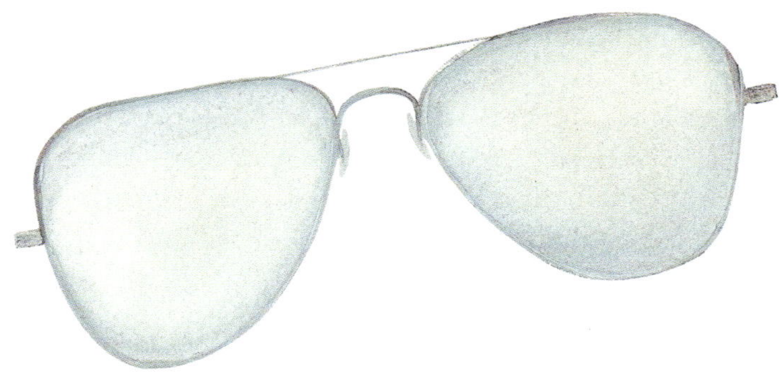

Denken Sie an Kate Hudson in *Almost Famous – Fast berühmt*, Tom Cruise in *Top Gun*, Brad Pitt in *Fight Club*, Leonardo DiCaprio in *Aviator*. Das Schöne an der Pilotenbrille ist, dass sie immer perfekt aussieht, egal, wer sie trägt – ob ein Groupie aus den siebziger Jahren (Penny Lane), der Kampfpilot aus den achtziger Jahren (Maverick), der Irre aus den neunziger Jahren (Tyler Durden) oder, was sich eigentlich von selbst versteht, ein Pilot aus den dreißiger Jahren (Howard Hughes). Eine Pilotenbrille ist für immer und allezeit die Garantie für Coolness. Ob Sie dazu Ihre älteste Jeans tragen oder Ihre neueste YSL-Couture-Jacke – Sie sehen top aus.

Flugschule

- Die klassische Pilotenbrille ist von Ray-Ban, aber Sie bekommen sie bei so gut wie jedem Designer. In jeder Preiskategorie. Achten Sie darauf, dass Ihre Version der Originalversion so nah wie möglich kommt. Michael Kors und Ralph Lauren haben tolle Versionen.
- Finger weg von zu viel Glitzer. Nichts schadet der Coolness mehr als verspiegelte Gläser oder eine blitzende Fassung. Die Brillenfassung sollte matt sein oder silbern oder golden.
- Halten Sie Ausschau nach Vintage-Brillen. Je mehr Geschichte die Brille hat, umso mehr Klasse hat sie. Und umso heißer sehen Sie damit aus.

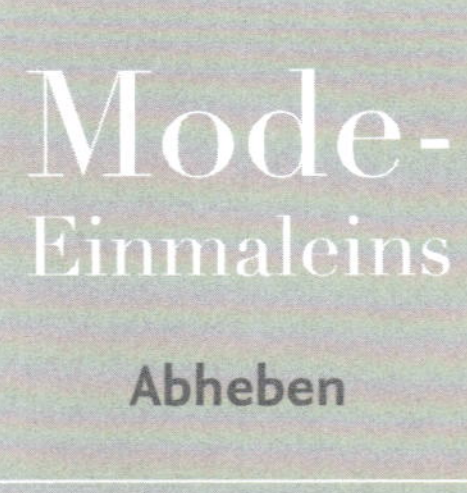

1936 beauftragte die amerikanische Regierung Ray-Ban, eine Sonnenbrille für die Piloten der Air Force zu entwickeln. Die Piloten wollten eine Brille, die ihnen den Schutz ihrer alten Fliegerbrille bot, aber nicht so massig war. Ray-Ban entwarf das Aviator-Design, das ein durchschlagender Erfolg war. Nach mehr als achtzig Jahren hat diese Sonnenbrille nichts von ihrer Beliebtheit verloren, und das Modell, das die Piloten 1936 trugen, ist dasselbe Modell, mit dem die Modebegeisterten und Promis noch heute rumlaufen.

Berühmte Fans

Madonna
Kate Hudson
Marlon Brando
Steve McQueen
Jim Morrison
Steven Tyler
Angelina Jolie
Jack Nicholson
Lauren Hutton

Also wenn ihr zufällig einen Flugzeugträger sucht – da unten links ist einer.

Tom Cruise als Maverick in *Top Gun*

69.
Poloshirt

Das Poloshirt war ursprünglich, wie sein Name verrät, fürs Polofeld gedacht. Es wurde Standardbekleidung in den Country Clubs und Teil der Popper-/Streberuniform: Khakihose, Oxfordschuhe und Polos (Kragen aufgestellt!). Den Weg in den urbanen Dschungel schaffte das Poloshirt, als die Fashionistas sich für alles Popper- und Streberhafte zu begeistern begannen. Natürlich darf dieser Look nicht eins zu eins kopiert werden, sonst hat das nichts mehr mit Mode zu tun – man muss ihn auf eine ganz neue Ebene heben. (Tipp: Keine Uniform sollte eins zu eins abgekupfert werden – alles muss transformiert und einzigartig sein. *Alles.*) Kombinieren Sie das Polo also nicht mit einer Khakihose und Oxfordschuhen, sondern mit einer Jeans, die Sie in Reitstiefel stecken, und einer aktuellen Jacke. Oder tragen Sie es eine Nummer zu klein (denken Sie an Scarlett Johansson in *Lost in Translation*). Oder nehmen Sie, falls Sie es doch mit einer Khakihose kombinieren, eine sehr weite und verknitterte (siehe Khakihose, Nummer 48). Damit ein Poloshirt stylisch wirkt, muss die Kardinalregel der Mode befolgt werden: Es braucht einen Bruch, etwas muss leicht daneben, schief sein. Vermeiden Sie das allzu Perfekte – das ist der Königsweg zum eigenen Stil und zur eigenen Ansicht.

Hoppalapop

- Probieren Sie es mit den zwei klassischen Farben (weiß, marineblau) und kräftigen Farben (orange, königsblau).
- Ziehen Sie Poloshirts übereinander an. Wenn's einem passt, kann das richtig chic aussehen.
- Überlegen Sie, ob nicht eine Nummer kleiner besser wäre – das Poloshirt soll Ihre Figur umschmeicheln, nicht verdecken.
- Ziehen Sie eine langärmelige Version in Betracht. Die werden oft übersehen. Meiner Meinung nach zu Unrecht – ich finde sie noch stylischer.

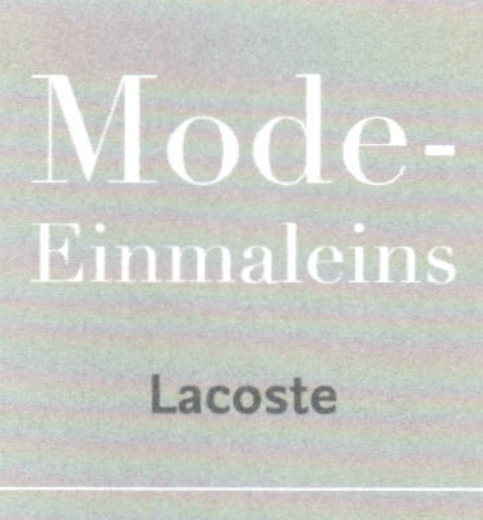

Das Poloshirt war ursprünglich eine reine Sportbekleidung. Das änderte sich erst, als René Lacoste, ein internationaler Tennischampion, einen Freund bat, ein kurzärmeliges Hemd aus Baumwollstrick zu entwerfen, das man auf dem Tennisplatz tragen konnte. Vor den Zeiten des Lacoste-Shirts wurde Tennis in unbequemen langärmeligen Baumwollhemden gespielt. Lacostes Spitzname war »das Krokodil«, und so kam als Logo ein kleines Krokodil auf die linke Brusttasche. Das war Berichten zufolge das erste Mal, dass ein Markenlogo außen auf ein Kleidungsstück genäht wurde. Dieses hinreißende Krokodil ist uns treu geblieben.

Wunschzettel: **Polos und ihre Logos**

- Lacoste: Das Original mit dem berühmt-berüchtigten Krokodillogo (gegründet 1933).
- Fred Perry: Ein Lorbeerkranz auf der linken Brust (gegründet 1952).
- Ralph Lauren: Das stets wiederzuerkennende Polospielerlogo (gegründet 1972).
- Rugby Ralph Lauren: Ein kleiner Totenkopf, wo normalerweise der Polospieler ist (gegründet 2004).

70.
Pucci

Bei Puccimustern fallen einem sofort Bilder von beneidenswerten Jetsetterinnen der sechziger Jahre ein. Auf den Fotos, die sie dabei zeigen, wie sie in ihre Privatflugzeuge steigen, scheinen sie immer knallige Puccikleider zu tragen. Das waren die Frauen, die sich weigerten, in den Hintergrund zu treten, die sich weigerten, farblose Mäuschen zu spielen, die wussten, dass Stil damit zu tun hat, sich etwas abzuheben. Und obwohl diese Tage des Sechziger-Jahre-Jetsets längst vergangen sind, sind Puccimuster noch immer da – stärker, gewagter denn je.

Die Kreationen dieses Designers sind heute noch genauso chic und beneidenswert wie damals. Sogar ein kleines Stück von Pucci – ein Schal im Haar oder um Ihre Tasche geschlungen – lässt Sie ein klein wenig nach dem Jetset der sechziger Jahre aussehen. Aber wenn Sie volle Pulle geben wollen, dann brauchen Sie das Kleid. Es wird immer die Geheimwaffe unter Ihren Sommersachen sein. Sie müssen es nicht jeden Sommer tragen. Legen Sie es ein, zwei Sommer auf Eis. Und holen Sie es dann wieder hervor, um es loszulassen. Das Kleid schlägt wieder genauso ein wie damals, als Sie es zum ersten Mal trugen. *Heben Sie ab.* Das ist bei Pucci immer so.

Eleganz ist guter Geschmack und ein Schuss Courage.

Carmel Snow

Pucci Perfect

- Ein Puccischal ist eine gute Methode, um sich mit einem Stück dieses Designers zu schmücken, ohne sich finanziell zu verausgaben.
- Bei einem Puccikleid unbedingt auf zurückhaltende Accessoires achten.
- Die originalen Puccikleider waren handsigniert. Sollten Sie je in einem Vintage-Laden auf eins stoßen, zögern Sie nicht. Es ist praktisch unbezahlbar.

Mode-Einmaleins

Emilio Pucci: Der Prinz der Prints

Emilio Pucci war beim Skilaufen in St. Moritz, als ein Fotograf von *Harper's Bazaar* ihn fragte, ob er ihn in seiner von ihm selbst entworfenen Skihose fotografieren dürfe. Ein Zufall, dass Pucci, der früher bei den Olympischen Spielen als Skiläufer teilgenommen hatte, wie eine Bombe in die Modeszene platzte. Das war in den fünfziger Jahren, als die Mode noch viel strenger und ganz anderen Zwängen unterworfen war. Pucci riss diese Beschränkungen nieder und kreierte Seidenkleider, die man nur als entschieden unstrukturiert bezeichnen kann. Er wurde bekannt für seine kräftigen Farben und wilden Muster. Seine Kleider waren in der High Society angesagt wegen ihres gewagten Stils und vielleicht auch, weil sie federleicht und knitterfrei und damit ideal auf Reisen waren. So ein Kleid hatte die Globetrotterin immer im Handgepäck.

71.

Push-up-BH

Er wurde als eine der größten Erfindungen des zwanzigsten Jahrhunderts gefeiert und sorgt für ein Dekolleté, wo zuvor weit und breit keins in Sicht war. Man sollte sich allerdings genau überlegen, wo man einen solchen BH tragen möchte. Beim ersten Date ist es vielleicht okay. Bei einem Vorstellungsgespräch eher nicht. Und ansonsten sollte das Dekolleté im Alltag nicht offen zur Schau gestellt werden. Weniger ist mehr … es sei denn, Sie haben Probleme bei einer Verkehrskontrolle.

Wunschzettel: **Pushkin**

- La Perla: Diese Luxusfirma stellt aufwendige BHs her, die jeden Euro wert sind.
- Kiki de Montparnasse: Pusht die Sexiness.
- Agent Provocateur: Pusht die Sexiness noch ein Stück weiter.
- Victoria's Secret: Eine erschwingliche Option. Hat eine große Auswahl an Stilen und Farben.
- Wonderbra: Womit alles begann. Siehe Mode-Einmaleins.

Mode-Einmaleins

Ladies and Gentlemen, The Wonderbra

1994 eroberte ein BH aus Großbritannien die Vereinigten Staaten. Die Begeisterung, mit der er begrüßt wurde, durften bis dato nur britische Rockstars erwarten. Die ersten Wonderbras kamen in gepanzerten Autos und Limousinen nach Manhattan. Models, Bodyguards und Wachleute entluden die Kartons, inmitten von Konfetti werfenden und Schilder schwenkenden Frauen. Nach Miami rollten die Wonderbras in einem pinkfarbenen Cadillac. San Francisco erreichten sie in der Trambahn. Und L.A. im Hubschrauber.
Alle fünfzehn Sekunden wurde ein Wonderbra verkauft, und das Ausmaß des Rummels, der um ihn veranstaltet wurde, war bis dahin unbekannt. Auch ein paar nette Bemerkungen von Journalisten und ein paar gute Werbeslogans fielen ab:

Die beste Schlagzeile

Wir können ruhig darüber reden.
Los Angeles Times

Der beste Wonderbra-Slogan

Schau mir in die Augen und sag mir,
dass du mich liebst.

Das beste Promi-Lob

Ich schwöre, damit habe sogar ich einen Busen.
Kate Moss

72.
Pyjama

Ah, Pyjamas. So erholsam, so bequem, ein solches Musthave. Ich stelle mir eine Pyjama-Welt voller Greta Garbos und Joan Crawfords in weiten Satinpyjamas vor. Ich sehe Martha Stewart in einem blauweißen, mit Monogramm bestickten Baumwollpyjama vor mir. Claudette Colbert in einer übergroßen Version, die sie ihrem ach so gutaussehenden Clark Gable geklaut hat. Und Marilyn Monroe in zwei Tropfen Chanel N° 5. Doch die Wirklichkeit sieht anders aus, sie ist voll mit Frauen in Jogginghosen und Flanell und alten College-T-Shirts. Das, meine Freunde, gehört verboten. Das Argument, Jogginghosen und T-Shirts seien bequemer, ist mir bekannt. Aber bitte, ich frage Sie, was kann bequemer sein als ein Pyjama aus Seide, Satin oder Baumwolle? Nichts.

Meine Lieblingspyjamas

- Shanghai Tank Silk Pyjama: Dieses Unternehmen aus Hongkong macht die besten Luxuspyjamas – traditionelle chinesische Seidenpyjamas mit einem modernen Kick und überraschenden, knalligen Farben.
- Frette Herrenpyjamas: Frette ist ein hochklassiger italienischer Wäschehersteller, der nebenbei auch diese fantastischen Pyjamas für sie und ihn macht.
- Olatz Schnabel Baumwollpyjamas: Olatz' mutige Farben und die luxuriöse ägyptische Baumwolle sind ein Traum, schade, dass man diese Pyjamas nur drinnen tragen kann. Aber bitte, tun Sie's. Pyjamas außerhalb des Pyjamakontexts sind ein modisches Himmelfahrtskommando (es sei denn, Sie sind Julian Schnabel!).

Um Ihnen zu zeigen, dass ich das Herz auf dem rechten Fleck habe, gebe ich Ihnen meinen besten Pyjama.

Clark Gable als Peter Warne zu Claudette Colbert als Ellie Andrews in *It Happened One Night* *(Es geschah in einer Nacht)*

73.
Qualitätschampagner

Mark Twain sagte mal: »Zu viel ist immer schlecht, nur zu viel Champagner ist gerade richtig.« Vielleicht meinte er das nicht als Stiltipp, aber wir dürfen es sicher so auffassen. Champagner trinkt man, um etwas zu feiern, und daher sollte man immer eine Flasche im Kühlschrank haben. Köpfen Sie sie bei großen Anlässen, bei kleinen Anlässen und ohne Anlass. Das Leben ist zu kurz, um sich die besten Kleider oder den besten Champagner für die großen Events aufzusparen. Stoßen Sie an. Champagner verleiht jedem Moment das gewisse Etwas.

Meine Favoriten

- Moët Hennessy: Die Geschichte des Unternehmens reicht zurück bis 1743 – diesen Champagner tranken Napoleon und Jefferson und Königin Elisabeth. 1987 wurde die Firma schickerweise von Louis Vuitton geschluckt. Was für ein Paar!
- Moët et Chandon's Dom Perignon: Wurde nach dem Mönch Dom Perignon benannt, dem man immer wieder – wenn auch fälschlicherweise – zuschreibt, die Champagnermethode entdeckt zu haben. In dieser Geschichte heißt es, er habe gerufen: »Kommt schnell, ich trinke Sterne.« Offensichtlich ist die Geschichte falsch, aber das Zitat ist gut (und der Champagner großartig).

Im Leben jeder Frau kommt ein Augenblick, in dem nur noch ein Glas Champagner hilft.

Bette Davis

74.
Regenschirm

Den Wetterfröschen kann man nicht trauen. Sie erzählen einem, wie schön und sonnig es wird. Arglos und fröhlich spaziert man daraufhin ohne Schirm zur Tür hinaus, um Stunden später perfekt frisiert die Straße hinunterzuschlendern und von einem nicht ganz so schönen Regenguss überrascht zu werden. Ein Ereignis apokalyptischen Ausmaßes. In diesem Augenblick werden Sie den Wetterfrosch verfluchen. Wahrscheinlich ist weit und breit keine Möglichkeit zum Unterstellen zu sehen. Sie haben natürlich optimistisch zur weißen Bluse gegriffen. Und links und rechts laufen die schlaueren Mädels mit Minischirmen vorbei, die sie stets ganz unten in ihren Shoppern mit sich tragen. Sie schwören sich, beim nächsten Mal, wenn der Wetterfrosch Sie betrügt, gehören Sie auch dazu. Eine Frau mit Stil ist nie unvorbereitet.

Wo frau sie kauft …

- Totes: Hat einen Mini, der in die kleinste Handtasche passt.
- Burberry: Hier bekommen Sie die klassische Karoversion oder einen perfekten schwarzen Mini.

Wer den Regenbogen möchte,
muss sich mit dem Regen abfinden.

Dolly Parton

75.
Reisegepäck

Glücklich kann sich schätzen, wer in der Lage ist, ein komplettes Gepäckset auf einmal zu kaufen. Andererseits ist es natürlich am besten, Koffer und Taschen Stück für Stück zu kaufen und mit einem kleinen Trolley (mit dem Sie sicher nicht zu viel einpacken) den Anfang zu machen, um sich dann langsam zu einem großen Koffer hochzuarbeiten (mit dem Sie sicher zu viel einpacken). Eine passende Sporttasche darf natürlich nicht fehlen, sie lässt sich wunderbar fürs Handgepäck verwenden oder als Reisetasche fürs Wochenende.

Insidertipps: **Meine Lieblingsstücke**

- Kate Spade, Coach: Beide zum Niederknien, bunt.
- Samsonite, Tumi: Strapazierfähig und zuverlässig.
- Globe-Trotter: Eine absolut coole Firma aus England. Nur für Rockstars, die bereit sind, ein Vermögen für handgefertigte Koffer auszugeben.
- T. Anthony LTD: Eine Luxusmarke, die bekannt ist für ihre mit Monogrammen versehenen Stücke. Die Lieblingsmarke der Windsors (sie besitzen 118 Koffer).
- Ghurka: Perfekt, wenn Sie eine Safari planen (oder ein gutes Geschenk für einen abenteuerlustigen Freund suchen).

- Longchamp: Tolle Sachen. Die haben auch Tragetaschen, die man ganz klein zusammenfalten kann – perfekt, wenn man Einkäufe auf Reisen plant.
- Goyard: Die Tragetaschen des Luxusherstellers sind teuer und schwer zu bekommen (sie sind weltweit nur in wenigen Läden erhältlich). Aber falls Sie es sich leisten können, ist Goyard die Marke.
- Louis Vuitton: Der klare Favorit jeder Fashionista. Diese Taschen sehen mit den Jahren nur besser aus.
- Eigenmarken: Manche Kaufhäuser – hier in den USA zum Beispiel Barneys – haben Eigenmarken. Oft eine Möglichkeit, einen superschicken Koffer oder eine superschicke Reisetasche zu bekommen, ohne eine Unmenge Geld auszugeben.
- Schwarzes Nylon: Und wenn Sie keine Unsummen ausgeben wollen, können Sie sich auch einfach nur eine normale schwarze Nylontasche kaufen und diese mit Reiseaufklebern und Stickern aufpeppen.

Gepäckausgabe

- Mit Monogramm versehene Gepäckstücke sind auf dem Förderband leichter zu entdecken.
- Was im Handgepäck nicht fehlen darf: ein schwarzer Kaschmirrolli, Unterwäsche, eine Zahnbürste, ein Badeanzug, die Kosmetiktasche, der gesamte Schmuck (vielleicht noch ein Bikini, je nach Reiseziel).

Ganz gleich, wo eine Frau hingeht,
und sei es ins Krankenhaus,
immer nimmt sie Make-up,
Parfüm und Schminke mit.

Gracy Kelly als Lisa Carol Fremond
in *Rear Window (Das Fenster zum Hof)*

76.
Roter Lippenstift

Nichts ist so Hollywood wie rote Lippen. Jede Schauspielerin, jedes Model, jede Stil-Ikone hat einen oder zwei rote Lippenstifte zu Hause. Und jede dieser Frauen wird Ihnen sagen, sie kenne den besten roten Lippenstift. Sie haben Stunden in der Kosmetikabteilung verbracht und es herausgefunden. Es ist Chanel Red No. 5. Oder MAC Ruby Woo. Oder Clinique Angel Red, Cover Girl Really Red, Lancôme Red Desire, Anna Sui Rouge Chine, Elizabeth Arden Slink, NARS Fire Down Below, Trucco Blood Red. Und so weiter …

Tatsache ist, Sie müssen einen Nachmittag investieren und sich selbst in die Kosmetikabteilung begeben. Bei rotem Lippenstift gibt es so was wie eine Einheitsgröße eben nicht. Also bleibt Ihnen nichts übrig, als sie alle auszuprobieren und sich jedes Mal lang im Spiegel zu betrachten. Und wie bei der perfekten Jeans werden Sie es sofort wissen, wenn Sie »den Richtigen« gefunden haben. Dann können auch Sie allen anderen erzählen, dass Sie wissen, welcher Lippenstift der beste ist.

Wenn Sie keinen Lippenstift tragen,
kann ich nicht mit Ihnen reden.

Die großartige, leider verstorbene Isabella Blow

Wie frau roten Lippenstift *trägt*

- Wählen Sie den richtigen Rotton. Bei hellem Teint ist ein Rot mit blauen Untertönen am besten, bei rötlichem Teint empfiehlt sich ein ins Pinke changierendes Rot. Bei olivfarbenem Teint wirken warme Rottöne mit einer orangefarbenen, goldenen oder braunen Basis am besten. Aber das besprechen Sie alles am besten mit der Dame in der Kosmetikabteilung.
- Halten Sie das übrige Make-up einfach. Ein roter Lippenstift ist Aussage genug. Übertreiben Sie es nicht mit dem Make-up oder dem Rouge, sonst laufen Sie Gefahr, wie ein Clown auszusehen. Lassen Sie die Lippen strahlen.
- Tragen Sie den Lippenstift richtig auf. Das geht in Richtung Kunst. Diesen Lippenstift können Sie nicht schnell im Taxi auflegen. Besprechen Sie auch das mit der Dame in der Kosmetikabteilung oder lesen Sie einfach weiter.

Schönheit ist für mich, sich in der eigenen Haut wohlzufühlen. Das oder ein megatoller roter Lippenstift.

Gwyneth Paltrow

Wie frau roten Lippenstift *aufträgt*

- Tragen Sie zuerst eine Lippenfeuchtigkeitspflege auf und darüber eine dünne Schicht Foundation.
- Sobald die Foundation trocken ist, eine Schicht Gesichtspuder, damit der Lippenstift besser und länger hält.
- Ziehen Sie nun die Lippen mit einem Konturstift nach, der dieselbe Farbe wie der Lippenstift hat. Bleiben Sie dabei auf der natürlichen Lippenkante.
- Tragen Sie den Lippenstift dünn auf.
- Abtupfen. Immer abtupfen!
- Tragen Sie eine zweite Schicht auf, und das wär's.

77.

Safarijacke

Bei der Safarijacke denkt man an reiche Menschen auf Safari in Afrika, und vielleicht liegt es daran, dass diese Jacke nach über fünfzig Jahren nichts von ihrer Attraktivität verloren hat. Ich liebe diesen Look. So Veruschka in YSL. Wer will nicht aussehen wie sie, wenn sie in Kenia auf Safari geht? Eine Safarijacke gehört zu den Stücken, die immer wieder auf dem Laufsteg auftauchen. Vielleicht fallen mal ein, zwei Saisons aus, aber sie kommt wieder.

Man darf Eleganz nie mit Snobismus verwechseln.

Yves Saint Laurent

Großwildjäger

- Nehmen Sie's nicht zu wörtlich und kaufen Sie keine Safarijacke für die Großwildjagd. Suchen Sie lieber eine Version, die mehr Wert auf Mode legt: kurz geschnitten, kurze Ärmel, Falten und Abnäher.
- Wer gerne den Fashionsnob rauskehren möchte, sollte von einer *Saharienne* sprechen, das ist der Name aus YSLs ursprünglicher Kollektion.
- Bei Michael Kors oder Banana Republic gibt's fast immer eine gute Version.
- Wie bei allen entschieden maskulinen Kleidungsstücken empfiehlt sich auch hier die Kombination mit etwas entschiedenen Femininem – macht einen tollen modischen Kontrast.
- Ist auch eine super Alternative zum Blazer (Nummer 10).

Die Jacke war ursprünglich als Bekleidung für Safaris gedacht, und ihre Geschichte reicht wohl bis ins 19. Jahrhundert zurück, als Angehörige der britischen Armee sie in tropischem Klima trugen. In den sechziger Jahren hielt die einstige Zweckbekleidung Einzug auf den Laufstegen und im urbanen Dschungel. In den Händen Yves Saint Laurents (des Meisters!) verwandelte sich das gute Stück in ein Fashionmonument. 1968 brachte er seine *Saharienne Collection* auf den Laufsteg. Im selben Jahr fotografierte Veruschkas Freund sie in einer YSL-Jacke, einem Minirock, einem verbeulten Hut und einem um die Hüften geschlungenen Gürtel. Dieses Foto ging um die Welt, und seither ist die Safarijacke ein Must-have.

78.

Sandalen

Wenn Sie mich fragen, braucht jede Frau zwei Paar Sandalen für den Sommer: ein lässiges Paar für den Tag und ein schickes Paar für den Abend. Gladiatorsandalen sind chic und stylisch für den Tag (auch wenn sie manchmal mehr und manchmal weniger in Mode sind). Die niedrige Version ist der Klassiker und immer tragbar. Die kniehohe Variante (googeln Sie *Mary-Kate Olsen in gladatiors*) kommt immer wieder mal groß raus, um dann wieder für ein paar Jahre in der Versenkung zu verschwinden. Metallfarbene Sandalen für den Abend haben den Vorteil, zu jedem Sommeroutfit zu passen. Wenn es eher lässig zugeht, ist eine flache, metallfarbene Riemensandale perfekt. Wenn es eine Stufe eleganter sein soll, müssen auch die Absätze etwas höher hinauf. Für einen richtig schicken Abend kommen eigentlich nur metallfarbene Stilettosandalen (Gold oder Silber) in Frage.

Fußfetisch

- Ihre Sandalen müssen so perfekt sitzen wie Ihre besten Stilettos. Der Fuß darf weder an der Seite noch vorn oder hinten überstehen.
- Achten Sie bitte auf eine perfekte Pediküre. *Bitte!* Auch wenn Sie sonst alles vergessen – das nicht!

Wunschzettel: **K. Jacques**

Die Firma K. Jacques wurde 1933 von Mr. und Mrs. Keklikian Jacques gegründet. Ihre Sandalen sind der Inbegriff des authentischen Saint-Tropez-Stils. Sie sind cool und lässig und strahlen diese entspannte mediterrane Atmosphäre aus. K. Jacques ist bis heute ein Familienunternehmen geblieben, hat drei Läden in St. Tropez und eine Boutique im Pariser Viertel Marais. Allerdings sind die Sandalen auch in gehobenen Kaufhäusern und online erhältlich. Bei Promis und den Modeleuten waren sie von Anfang an ein Hit. Und sie sind auch heute noch beliebt und werden es bleiben, solange der coole und lässige Saint-Tropez-Stil en vogue bleibt (das heißt bis ans Ende der Zeit).

Wunschzettel: **Jack Rogers**

Jack Rogers' Navajo-Sandalen gehören zu Strand und Urlaub wie die Sonne zum Meer. Das vom Mokassin inspirierte Design dieser Riemensandale ist die Erfindung eines Schuhmachers aus Florida, der sie für einen edlen Laden in Palm Beach herstellte. Jack Rogers Navajos waren zunächst eine lokale Sensation, inzwischen haben sie die ganze Welt erobert. Es gibt sie in jeder Farbe und in jedem nur vorstellbaren Material (Krokodilleder, Wildleder, Alligatorleder, Pythonleder), das und die typischen Überwendlingsstiche ermöglichen unzählige Farbkombinationen. Es gibt sie maßgefertigt, mit Monogramm, mit hohem oder niedrigem Absatz. Sie sind ein absolutes Must-have, um die innere Jackie O., Kate Hudson oder Liv Tyler den Sommer genießen zu lassen.

Direct your feet to the sunny side of the street …

Dorothy Fields

79.

Sarong

Sich ein Strandtuch um den Leib zu schlingen ist nicht annähernd so schick (oder schmeichelhaft), wie sich in einen seidenen Sarong zu hüllen. Die aus Baumwolle sind auch toll. Ein Sarong ist ein absolut notwendiges Accessoire für den Pool oder den Strand. Man kann ihn sich um den Hals schlingen, an der Hüfte knoten, als Turban tragen und im Notfall auch als Handtuch benutzen. Er kann sich in ein Kleid, einen Schal, ja sogar in einen Beutel verwandeln. Manche Sarong-erfahrene Frau beherrscht sogar die Kunst, ihn von einem Strandkleid in ein lässiges Cocktailkleid für den Abend umzuwandeln. Und das alles mit einem Knoten. Nicht ganz so Sarong-erfahrene Frauen sollten ihn vielleicht mit einer Brosche sichern … man kann nie vorsichtig genug sein. Eines aber ist sicher: Die Möglichkeiten, die ein Sarong bietet, sind endlos.

Wo frau sie kauft

- Der Sarong ist eine traditionelle Frauen- und Männerbekleidung in Malaysia und Indien. In guten Ethno-Läden sollten Sie daher eine große Auswahl finden.
- Sie hätten es gerne edel? Dann sind Sie bei Hermès und Eres gut bedient.
- Bei Calypso bekommen Sie immer einen guten Sarong.
- In den Boutiquen an Ihrem Urlaubsort.

- Ob es nun ein Sarong von Hermès oder Eres ist – wichtiger ist, aus welcher Ecke der Welt er kommt.

80.

Schmuckbeutel

Lebenswichtiges Accessoire für die Reise. Man braucht mehrere Samt- oder Seidenbeutel, damit kein Schmuckstück verloren geht, beschädigt wird oder sich verknäuelt. Sie sind in jedem Schmuckgeschäft erhältlich, aber Sie können genauso die Säckchen verwenden, in denen Luxusalkoholika verkauft werden. Seit Jahrzehnten erbitten sich die Mädels von den Barkeepern die samtroten Crown-Royals-Säckchen. Sie wären nicht die Erste. Sie sind auch wunderbar geeignet, um Schuhe, Sonnenbrillen und Wechselgeldreserven aufzubewahren.

Schmuck lenkt von den Falten ab.

Sonja Henie

81.
Seidenschal

Was einen Schal ausmacht, versteht man wirklich erst, wenn man einen Nachmittag in einem Pariser Café verbringt und einfach nur die Frauen beobachtet, die vorüberflanieren. Der Schal dient als Gürtel, dekoriert die Handtasche, wird als Top getragen, als Haarband, durch die Gürtelschlaufen des Trenchcoats geschlungen und auf hundert verschiedene Arten um den Hals gelegt. Der Möglichkeiten sind keine Grenzen gesetzt. Es scheint tatsächlich zu stimmen, dass es den Pariserinnen in die Wiege gelegt ist, wie man einen Schal trägt. Wir dagegen müssen es uns abschauen und lernen und uns vielleicht ein oder zwei Ratgeber dazu zu Gemüte führen. 1988 gab Jean-Louis Dumas-Hermès eine bebilderte Broschüre zu dem Thema heraus, wie man einen Hermès-Schal trägt. Falls Sie sie auftreiben – sie ist eine absolute Inspiration. Falls Sie sie aber nicht auftreiben können und auch kein Ticket nach Paris ergattern, müssen Sie sich mit dem altmodischen Üben begnügen.

Übrigens

Alle 25 Sekunden wird irgendwo auf der Welt ein Hermès-Schal verkauft.

Gut geschlungen

- Neben Hermès machen auch Gucci und Ferragamo wunderschöne Seidenschals, die ein traditionelles Mitbringsel aus dem Italienurlaub sind. Darüber freuen sich noch Ihre Nachkommen.
- Betrachten Sie einen Schal als ein Schmuckstück und tragen Sie ihn auch so – mit Schwung und mit Pep.
- Wichtig ist, dass der Schal zu Ihnen passt und Sie sich wohl darin fühlen – Seide muss nicht sein, wenn Seide nicht Ihr Ding ist.

Große Auftritte

- Als Grace Kellys Armschlinge für ihren gebrochenen Arm.
- Als Königin Elizabeths Halsschmuck auf einer Briefmarke von 1950.
- Als Jackie O.s Schutz vor neugierigen Blicken während der sechziger Jahre.
- Als Audrey Hepburns Hutschmuck in *Frühstück bei Tiffany*.
- Als Sharon Stones Handfesseln in *Basic Instinct*.
- Als Madonnas rückenfreies Top in *Stürmische Liebe* (*Swept Away*).
- Als Sarah Jessica Parkers Bandana in *Sex and the City*.

Wunschzettel: **Der Hermès-Schal**

Es sind nur 90 Zentimeter und 65 Gramm Seide, dennoch braucht es zwei Jahre, um einen einzigen Hermès-Schal herzustellen. Technisch gesehen beginnt die Herstellung in Brasilien, wo die Seide aus den Larven der von 250 Seidenmotten gewebten Kokons gesponnen wird. Während in Brasilien noch eifrig gesponnen wird, beginnt in Frankreich, in Lyon, die Arbeit am Design. Sämtliche Designer werden über das Thema der Saison instruiert. Anschließend machen sich über fünfzig Künstler an die Arbeit und entwerfen Designs. Ein Graveur stellt für jede Farbe, die auf einem der Schals auftaucht, eine Siebdruckvorlage her. Wenn ein Schal dreißig verschiedene Farben hat, muss er dreißig solcher Vorlagen herstellen. Dann werden die Farben festgelegt. Dazu trifft sich ein Komitee, das über jeden Farbton und jede Schattierung abstimmt. Erst dann wird das Design an die Fabrik geschickt, wo die einfachen Arbeiten erledigt werden. Zunächst kommt der verwirrende Druckprozess, danach ein luxuriöses Dampfbad, das der Schal unglaublich weich verlässt, und anschließend begutachten zwei Frauen jeden Zentimeter Seide akribisch auf eventuelle Fehler. Am Schluss werden die Bahnen zurechtgeschnitten, und Näherinnen fassen jeden Schal von Hand ein, bevor diese in die ganze Welt geliefert werden, wo die Frauen schon sehnlichst auf sie warten.

82.

Siegelring

In früheren Zeiten war der Siegelring so etwas wie für uns die Kreditkarte oder das iPhone – wenn er verloren ging, brach Panik aus. Damals galt das Siegel als Unterschrift, und mit dem Siegelring besiegelte man Verträge. Er ist Ausdruck der eigenen Einzigartigkeit, jeder Ring wird genau nach Ihren Vorstellungen graviert. Die klassische Version zeigt das Familienwappen, die Schulinsignien oder das Monogramm (normalerweise drei Initialen). Wer es nicht ganz so traditionell möchte, kann sich alles – von einem Insiderwitz bis zu einem persönlichen Meilenstein – eingravieren lassen. Oder wie wär's mit den Initialen Ihres Alter Ego?

Keine sieben Siegel

- Es stört Sie nicht, die Initialen oder das Wappen eines anderen zu tragen? Schauen Sie sich in Antiquitätenläden um, vielleicht finden Sie dort einen schönen alten Siegelring.
- Tiffany hat tolle Siegelringe, wenn Sie's lieber klassisch hätten.
- Siegelringe kann man – wie Cocktailringe – an jedem Finger tragen.

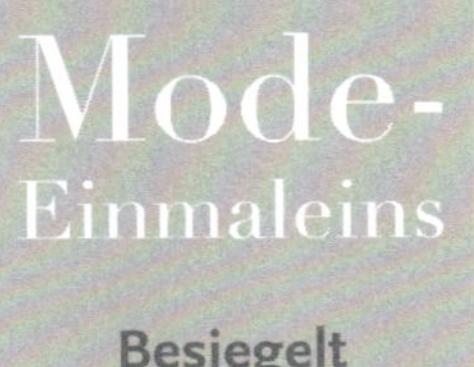

Ursprünglich entsprach ein Siegelring der Unterschrift, und einen Siegelring zu stehlen war ein ernstes Vergehen. Das Zeichen auf dem Siegelring konnte Türen öffnen oder den Tod bedeuten (wenn man zum Beispiel einen Ring mit dem Bild von Brutus und Cassius trug, war das nach Julius Cäsars Ermordung nicht von Vorteil).

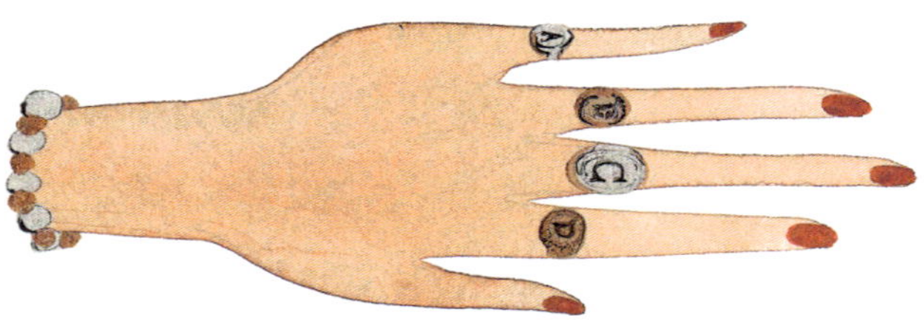

Übrigens

- Im Mittelalter trugen ranghohe Frauen Siegelringe als Zeichen ihres Prestiges.
- In Michelangelos berühmtem Siegelring war ein Ausschnitt aus der Sixtinischen Kapelle eingraviert.
- Von einem Siegelring zu träumen konnte je nach dem Wesen des Traums ein gutes oder schlechtes Omen sein. So oder so bedeutet ein solcher Traum, dass sich eine Veränderung ankündigt.

83.

Smokingjacke

Ihnen ist sicher aufgefallen, dass nicht wenige Dinge auf dieser Liste ganz frech aus der Männerabteilung gemopst wurden, und das mit gutem Grund: Androgynität ist und bleibt chic und Avantgarde. Wer weiß, vielleicht waren es Marlene Dietrich und ihr alter Smoking, die diese aktuelle Lust am geschlechterübergreifenden Stil entflammten. Die Welt war begeistert und/oder empört. Noch nie hatte eine Frau es gewagt, so ungeniert Männerkleidung zu tragen. Und 1965 griff Yves Saint Laurent Marlenes Image auf und ließ sich zu seiner Smokingjacke inspirieren. Mit Marlene und YSL im Rücken genossen die Frauen das Gefühl von Macht, das einem eine Smokingjacke gibt (deren Schnitt natürlich an die weibliche Figur angepasst wurde). Und kamen nicht mehr davon los. Als in den siebziger Jahren Helmut Newton Vibeke in YSLs Smokingjacke fotografierte, war diese Modeströmung (und dieses Foto) Teil der Modegeschichte.

Es geht um Stil, nicht Mode.
Moden kommen und gehen, Stil bleibt.

Yves Saint Laurent

Mode-Einmaleins

Le Smoking

Der ursprünglich englische Begriff »Smoking suit« bezieht sich darauf, dass dieser Anzug nicht für draußen, sondern für drinnen gedacht war.
Die Smokingjacke war strikt den Männern vorbehalten, bis Yves Saint Laurent 1966 in seiner Frühling/Sommerkollektion die Frauen in die Welt von *le smoking* einlud. In einer revolutionären Geste schickte Saint Laurent seine Models in Smokingjacken auf den Laufsteg und stellte damit die Modewelt auf den Kopf. Quasi über Nacht definierte er die weibliche Silhouette neu und gab den Frauen eine gewagte Alternative zum kleinen Schwarzen an die Hand. Unzählige Stil-Ikonen waren im Nu überzeugt und wurden seine Fans: Catherine Deneuve, Betty Catroux, Françoise Hardy, Liza Minnelli, Loulou de la Falaise, Lauren Bacall und Bianca Jagger.
YSLs Smokingjacke machte den androgynen Chic elegant. Er gab den Frauen das Gefühl von Macht und veränderte, wie sie sich sahen. Wie Catherine Deneuve einmal sagte: »Man fühlt sich darin wirklich anders als Frau, die Gesten verändern sich.«

Smoking, Tuxedo, Black Tie – Einerlei

- Die Smokingjacke sollte nicht wie ein Männersmoking sitzen, sondern schlank fallen und perfekt passen (siehe Blazer, Nummer 10).
- Sie sind groß? Probieren Sie einen Zweireiher.
- Stecken Sie sich eine Blumenbrosche ans Revers, das gibt dem Androgynitätsthema einen zusätzlichen Kick.
- Die wirklich Wagemutigen tragen nichts darunter. Sexy.

84.
Sonnenhut

Ein weicher Sonnenhut gehört zum Strand wie Sonne und Wasser. Kaufen Sie ihn am Straßenstand, auf dem Flohmarkt und in den kleinen Läden an Ihrem Urlaubsort. Er schützt Sie vor der Sonne und verdeckt Ihr von Wind, Sonne und Wasser strapaziertes Haar. Und er lässt die ganze Welt wissen, dass Sie im Urlaub sind (selbst wenn Sie das nicht sind), vor allem wenn Sie ihn mit einem Strandkleid und Espadrilles kombinieren. Bei einem Sonnenhut denkt man sofort an unbekümmerte Frauen, die den ganzen Tag nichts zu tun haben, als zu lächeln. Ihnen sollten wir nacheifern – diesen Frauen, die aussehen, als würden sie in den Tag hinein leben und genießen.

Here Comes the Sun

- Michael Kors hat meist einen guten Sonnenhut.
- Den besten Sonnenhut bekommt man in der Regel direkt am Strand.
- Ein guter Sonnenhut muss sich problemlos einpacken lassen – schließlich sind Sie ständig auf Achse!

Lebe in der Sonne, schwimme im Meer,
trinke die wilde Luft.

Ralph Waldo Emerson

85.
Spanx Shapewear

Eine lebensverändernde, fußlose, figurkontrollierende Strumpfhose, die man stets dann tragen sollte, wenn man eine Kleidergröße schlanker wirken möchte. Die Promis waren begeistert, als sie auf den Markt kam. Oprah stellte sie in ihrer Show als eines »ihrer Lieblingsdinge« vor.

Gwyneth Paltrow erklärte einem Journalisten ihr Geheimnis für den roten Teppich so: »Es gibt da etwas Großartiges namens Spanx … die quetschen dich in Form. Einfach super. In Hollywood trägt die jede.« Das Spanx-Geheimnis machte schnell die Runde, und inzwischen hat jede Frau sie in ihrem Schrank, zumindest sollte sie das.

Mode-Einmaleins

Gott sei Dank gibt es Sara Blakely

Früher ging Sara Blakely von Tür zu Tür und verkaufte Kopier- und Faxgeräte. Heute ist sie die bei Frauen beliebteste Erfinderin. Bei ihrer Idee zu Spanx standen leichter Frust und etwas Erfindungsgeist Pate. Eines Abends schnitt Sara Blakely aus einer Eingebung heraus bei ihrer Feinstrumpfhose die Füße ab, um sie unter einer weißen Hose zu tragen. Sie stellte fest, dass sie schlanker wirkte, die Linien glatter verliefen und sich nichts abzeichnete. Sie leerte ihr Bankkonto und machte sich auf, mit ihren 5000 Dollar die Welt zu verändern. Mission accomplished.

86.

Statement-Halskette

Wenn die Halskette ein Mode-Statement ist, ist sie groß und auffallend (das kann bis hin zu – im positiven Sinne – theatralisch gehen). Im Film wäre sie die Nebenrolle, die der Hauptdarstellerin die Show stiehlt. Gut gemacht ist das wunderschön. Die Crème de la Crème der Hollywoodstarlets wird bereitwillig zustimmen, dass es manchmal besser ist, ein Accessoire in den Mittelpunkt zu stellen (denken Sie nur an Jennifer Garner, Nicole Kidman und Cate Blanchett bei der Oscarverleihung 2008). Allerdings kosten Halsketten für ein Statement auf dem roten Teppich eine Stange Geld (weshalb sie meistens geliehen sind). Halsketten für ein Statement auf der Straße dürfen auch billig sein, hier sprechen sie eine ganz andere Sprache.

Wie beim Cocktailring kommt es auch bei Statement-Halsketten auf die Größe an und weniger darauf, ob der Schmuck echt ist. Am besten ist es, gleich mehrere solcher Halsketten (echt oder fake) zu haben. Damit können Sie das »kleine Schwarze für alle Fälle« stets aufs Neue tragen und dabei jedes Mal Fashionista-mäßig stylen. Mit der richtigen Statement-Halskette ist der Look immer frisch. Immer.

Geben Sie ein Statement ab

- Sie tragen gerade ein Kleid von Pucci (Nummer 70)? Dann lassen Sie die Statement-Halskette lieber weg. Ein Puccikleid sieht mit weniger nach mehr aus. Denn manchmal ist zu viel einfach zu viel. Nicht vergessen.
- Ein Tipp für die Reise: Packen Sie zwei Kleider und drei Statement-Halsketten ein. Das reicht für eine Woche.
- Mit einer guten Statement-Halskette sind Sie im Nu »umgezogen«. Wenn Sie ein Outfit in sechzig Sekunden von konservativ auf Avantgarde stylen wollen, brauchen Sie nur eine Statement-Halskette und ein gutes Paar Stilettos (Nummer 88).

Insidertipps: **Meine Lieblingsstücke**

Die Statement-Halskette ist eine Art Quasselstrippe. Sie verrät eine Menge über ein Mädchen. Sie schafft eine Atmosphäre und malt ein Bild. Hier ein paar, die immer wieder auf den Titelblättern der Modemagazine auftauchen:

- Tom Binns: Wenn's um die Pop-Prinzessin geht.
- Van Cleef & Arpels: Für die wahrlich edlen Hochglanzmagazine.
- Marni: Wenn's Boho-Chic sein soll.
- Riesenperlen oder Ethno-Design von marokkanischen Flohmärkten: Wenn's Boho sein soll.

87.

Stiefeletten

Ursprünglich wurden Stiefeletten unter Hosen versteckt, dafür waren sie gedacht. Stiefeletten zum Rock? Undenkbar! Aber als sie in die Hände von Designern wie Christian Louboutin und Miuccia Prada fielen, verwandelten sie sich. Einfach so. Ich kann mich noch an die achtziger Jahre erinnern, als Modedesigner Stiefeletten zum ersten Mal mit Röcken und Kleidern auf den Laufsteg schickten. Das war eine Sensation, und alle fragten sich, warum wir diese Schuhe so lange unter Hosen versteckt hatten. Die Frauen trugen sie nun zu allem *außer* klassischen Hosen: zu Kleidern, Röhrenhosen, und die ganz Verwegenen (und genetisch Gesegneten) trugen sie zu Shorts. Und wer kann sich heute noch eine Welt vorstellen, in der Stiefeletten nicht rausdürfen zum Spielen? Waren sie nicht immer da und gaben uns dieses Gefühl, mit dem Punk zu flirten, wenn wir sie mit einem Rock oder einer hautengen Hose kombinierten?

One of these days
these boots are gonna walk all over you.

Nancy Sinatra

Gestiefelt und gespornt

- Wenn Sie Stiefeletten mit einer Hose kombinieren, dann bitte Ton in Ton. Also eine schwarze Röhrenhose zu schwarzen Stiefeletten, das verlängert die Beine, und Sie fühlen sich fantastisch.
- In der Kombination mit Miniröcken sorgen blickdichte schwarze Strumpfhosen (Nummer 12) für eine durchgehende Linie, sprich: endlos lange Beine. Und wer nicht von Natur aus fantastische Beine hat, ist nun mal auf die Kraft der Illusion angewiesen.
- Achten Sie darauf, dass die Stiefeletten nicht wie traditionelle Stiefeletten am Knöchel einfach abgeschnitten sind – solche Stiefeletten sind dafür da, unter der Hose getragen zu werden. Sie schneiden das Bein optisch ab und lassen es plump wirken.
- Stiefeletten sind eine tolle Alternative zu Pumps – behalten Sie das im Hinterkopf für die Momente, in denen Pumps zu sehr »auf Nummer sicher« wären.
- Stiefeletten sind eine klassische Methode, um Maskulines und Feminines zu mischen. Also fürchten Sie sich nicht vor einem Flirt mit der Femininität, wenn Sie diese maskulinen Schuhe tragen. Im Mix liegt das Risiko …

88.
Stilettos

Diese Schuhe sind in der Lage, Euphorie, Bewunderung, Panik und letztlich vertretbare Kreditkartenschulden auszulösen. Stilettos kann man nie genug haben, und man hat auch nie das Gefühl, genug zu haben. Fragen Sie die berühmt berüchtigte Imelda Marcos. Als sie 1986 mit dem ihr angetrauten Diktator von den Philippinen floh, soll sie 3000 Paar Schuhe im Schrank zurückgelassen haben. (Sie erklärte später, es seien nur 1060 gewesen, aber wer zählt das schon nach?) Die Welt scheute zurück – zumindest größtenteils. Doch ich muss sagen, ich hätte diese Frau gerne kennengelernt, da ich glaube, dass sie eine Schuhfantasie ausgelebt hat, für die die meisten Frauen töten würden. Genauer gesagt, ich hätte gern ihre Stilettosammlung gesehen. Das ganze Wesen einer Frau erschließt sich aus ihren High Heels.

Doch Stilettos können noch mehr, sie definieren die Linie der Beine, machen größer und verleihen Selbstvertrauen und das gewisse Etwas. Eine Frau, die die richtigen Stilettos trägt, ist eine Macht, mit der man rechnen muss.

Investieren, investieren, investieren

Die Namen, die Sie ständig hören – Manolo Blahnik, Jimmy Choo, Christian Louboutin –, hören Sie aus gutem Grund. Die wissen nämlich, was sie tun. Sie wissen, wie man einen klassischen, zeitlosen Schuh macht mit zwölf Zentimeter hohen Absätzen, in denen man wirklich bequem laufen kann. Alle drei sind Genies. Aber Genies sind teuer. Ich weiß, einige denken, es sei lachhaft, so viel Geld für ein Paar Schuhe auszugeben. Ich sage Ihnen, warum es nicht lachhaft ist:

- Qualitativ hochwertige, teure Schuhe halten länger und sehen länger gut aus.
- Sie müssen nicht die Straße entlangstaksen.
- Sie fühlen sich jedes Mal unglaublich, wenn Sie hineinschlüpfen.

Wie frau in Stilettos geht

1. Üben.
2. Üben.
3. Üben.

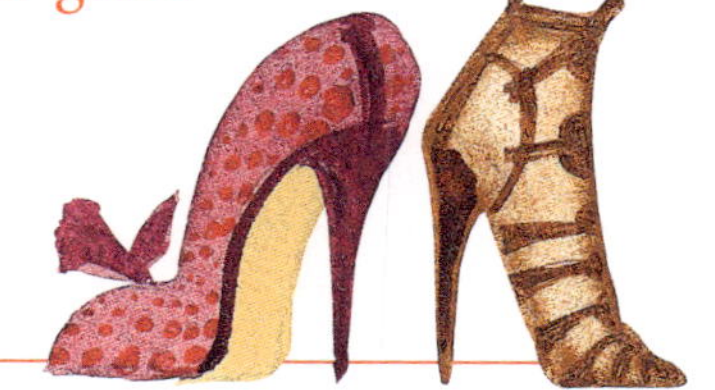

Wie viele Paar Schuhe braucht der Mensch?

Männer

89.

Trenchcoat

Wenn man einen tollen Trenchcoat trägt, ist es nicht so wichtig, was man darunter trägt. Wollten Sie wissen, was Catherine Deneuve in *Die Regenschirme von Cherbourg* unter ihrem Burberry anhatte? Ich mit Sicherheit nicht. Ich sah nur diesen umwerfenden Mantel, kombiniert mit nichts als Strümpfen und einem Kitten Heel. *Ah, l'amour!*

Und es erging mir bei jedem Film noir so – es war mir stets schnurzegal, was die Femme fatale unter dem Mantel trug. Ich wollte nicht einmal, dass sie den Mantel auszog, der Mantel schien mir einfach perfekt für die Undercover-Arbeit. Und vielleicht hat der Reiz des Trenchcoats und diese Aura von Geheimnis mit diesen alten Filmen zu tun. Wenn einem Mädchen danach ist, ein bisschen unergründlich und rätselhaft zu sein, ein bisschen mysteriös, ist der Trenchcoat ein Muss. Eine tolle Sonnenbrille unterstützt den Effekt. Ein Fedora wäre wohl leicht übertrieben, es sei denn, Sie befinden sich auf der Flucht.

Trench ist immer Trend

Der klassische Trenchcoat ist natürlich aus khakifarbenem Gabardine. Aber Sie können ruhig etwas mehr wagen – mehr Farbe oder Goldlamé.

- Für die klassische Geldanlage: Ein Burberry, was sonst.
- Für etwas mehr Pep: Suchen Sie bei Viktor & Rolf oder Rock & Republic.
- Für Farbenfreunde: Juicy Couture oder Gap.
- Für Freunde des Metallic-Looks: Burberry (noch mal) oder Stella McCartney.

Kult im Trenchcoat

- Catherine Deneuve in *Die Regenschirme von Cherbourg.*
- Audrey Hepburn und George Peppard in *Frühstück bei Tiffany.*
- Humphrey Bogart in *Casablanca.*
- Meryl Streep in *Kramer gegen Kramer.*
- Sophia Loren in *Der Schlüssel.*

Der Burberry-Trenchcoat

Jedes Detail des Trenchcoats ist rein funktional, da er ursprünglich als Mantel für die britischen Soldaten im Ersten Weltkrieg entworfen wurde, die in den Schützengräben (das englische Wort dafür ist *trenches*) kämpften. Er wird aus dicht gewebtem Gabardine genäht, um Wasser abzuhalten. Er ist so lang, dass den Soldaten der Regen nicht in die Stiefel läuft. Er ist vorn zweireihig und lässt sich an den Ärmeln enger zurren, was bei Regen ebenfalls einen gewissen Schutz bietet. Als die Soldaten aus dem Krieg heimkehrten, brachten sie ihre Trenchcoats mit und ließen sie für den Alltagsgebrauch kürzen. Der Mantel wurde ein britisches Markenzeichen und ein Symbol des Film noir. Und bei Männern und Frauen beliebt als *der* Regenmantel mit Stil.

90.
Türkis- und Korallenschmuck

Der Türkis gehört zu den Steinen, von denen man immer wieder hört, sie seien »wieder in«. Aber wenn Sie mich fragen, ist er nie wirklich out gewesen. Gibt es eine Saison, in der ein Türkisring, -armband oder eine Türkishalskette nicht die Aufmerksamkeit der Medien auf sich zieht und begeisterte Komplimente hervorruft? Eine Statement-Halskette mit Türkisen (Nummer 86) mit einem kleinen weißen Kleid (Nummer 24) und einer leichten Bräune sieht umwerfend aus. Und im Winter, wenn alle Schwarz tragen und auf einfachen Goldschmuck setzen, dann lassen ein paar Türkise jedes Outfit knallen. Dabei sind Türkise nicht nur chic, ihnen werden auch heilende Kräfte nachgesagt. Ich zumindest fühle mich besser, wenn ich sie trage.

Von Santa Fe bis Sydney

- Türkise sehen toll aus mit Korallen, eine Kombination, die übrigens vor dem bösen Blick schützen soll. Damit sind Sie eine Macht, mit der man rechnen muss.
- Türkis scheint für »Sommer« zu stehen. Weil ich aber eine Schwäche für Regelbrüche habe, finde ich sie auch im Winter grandios.
- Diese Steine kann man hervorragend auf Reisen im amerikanischen Südwesten, in Mexiko oder Indien kaufen.
- Halten Sie Ausschau nach tiefblauen Türkisen. Hochwertige Steine sind opak, minderwertigere durchscheinend.

Übrigens

- Türkise wurden bereits 6000 v. Chr. für Schmuck verwendet.
- Türkise werden durch Wasser gebildet, das Mineralien wie Kupfer und Aluminium aus den Felsen löst.
- Für die nordamerikanischen Indianer und die Tibeter sind Türkise heilige Steine. Sie sollen die geistige und spirituelle Klarheit sowie Weisheit, Vertrauen, Güte und Verständnis fördern.

91. Uhr

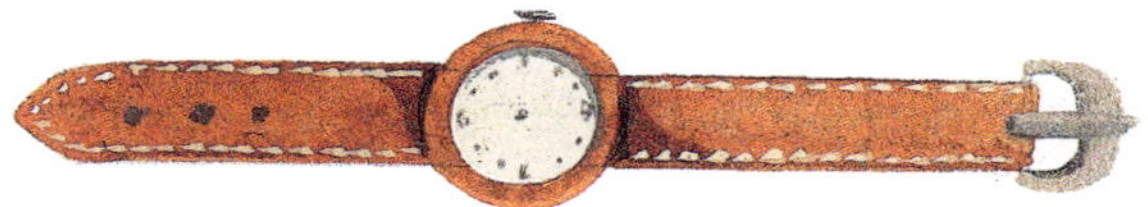

Heutzutage wissen die meisten von uns dank ihres Handys, wie spät es ist, aus praktischen Gründen muss also niemand mehr eine Uhr tragen. So sind Uhren zu einem modischen Accessoire geworden und dienen dazu, ein Statement abzugeben – und das will wohlüberlegt sein. Es kann feminin und luxuriös ausfallen, zum Beispiel mit einer Diamantencocktailuhr (eine fantastische Investition, falls Sie sie sich leisten können). Oder Sie folgen dem Trend und tragen eine Plastikuhr von Prada oder Swatch. Freundinnen des Klassischen ziehen wohl ein zeitloses Silberdesign (von Rolex oder TAG Heuer) vor. Oder wie wär's mit einer Männeruhr? Ich persönlich finde, eine Männeruhr an einem Frauenhandgelenk sieht toll aus. Die große, maskuline Uhr lenkt den Blick auf das Handgelenk, einen der femininsten Körperteile einer Frau.

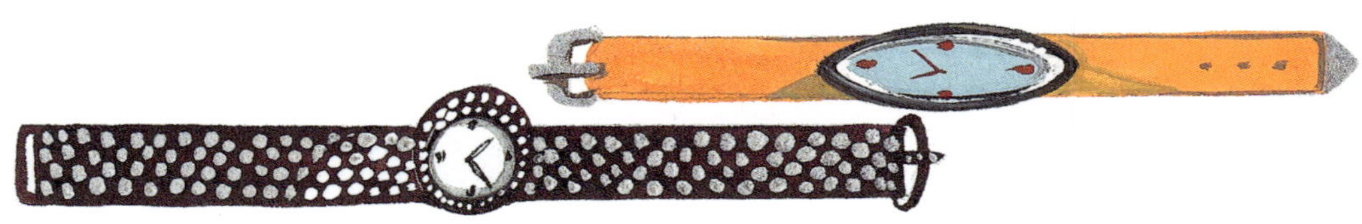

Insidertipps: **Meine Lieblingsstücke**

Hier meine drei Kultuhren. Jede von ihnen sprengt die Bank – aber hey, eine Uhr sollte die Bank sprengen.

- Cartier Tank: Die Cartier Tank stammt aus dem Jahr 1917, als der Erste Weltkrieg seinen Höhepunkt erreichte. Es heißt, Louis Cartier habe sich von der Panzerspur des Renault-Panzers zu dieser Uhr inspirieren lassen. Sie war ein Einschnitt in der Uhrengeschichte. Sie verführte Männer wie Frauen dazu, von Taschenuhren zu Armbanduhren zu wechseln. Im Lauf der Jahre kamen über 250 Varianten der Cartier Tank auf den Markt.
- Rolex Daytona: 1961 brachte Rolex diesen Chronographen (eine Uhr mit zusätzlicher Stoppfunktion) auf den Markt, die sofort die Lieblingsuhr der Autorennfahrer wurde, da man mit ihr bequem Rundenzeiten stoppen konnte. Daher auch der Name Daytona, nach der populären Rennstrecke in Florida. Weil es sie nur in begrenzter Stückzahl gibt (sie wurde nur von 1961 bis 1987 hergestellt), sie aber grenzenlos beliebt ist, ist die Daytona eines der gesuchtesten Sammlerstücke.
- Jaeger-LeCoultre Reverso: Diese Uhr aus dem Jahr 1931 erhielt ihren Namen wegen ihres drehbaren Gehäuses. Sie wurde für englische Offiziere in Indien entworfen, die sich beim Polospiel ständig das Ziffernblatt zerschmetterten. Jaeger-LeCoultre stellte eine Uhr mit einem um 180 Grad drehbaren Gehäuse her zum Schutz des Ziffernblatts.

92.
Unterwäsche

Das Spiel beginnt in der Lingerieschublade. Was Sie drunter tragen, ist entscheidend. Es ist die Grundlage für alles. Schon bemerkenswert, wie man sich in toller Lingerie sofort sexy fühlt. Und wie ein Slip, der sich abzeichnet, ein Outfit sofort ruiniert.

Wunschzettel: **Undercover Agents**

- Cosabella: Bedeutet auf Italienisch »schöne Sache«. Cosabella ist für zwei Dinge berühmt: bequemen Sitz und Farbe. Am beliebtesten sind die Soiree-Tangas, die in über vierzig Farben erhältlich sind – bislang.
- OnGossamer: Die bei den Promis beliebten OnGossamer Boyshorts sind die perfekte Option für alle, die nicht so auf Stringtangas stehen.
- La Perla: Der berühmte italienische Lingeriehersteller ist beliebt wegen seiner nahtlosen und luxuriösen Tangas, Hipsters und Culottes.
- Elle Macpherson Intimates: Unterwäsche von einer Frau, die das ein oder andere über Unterwäsche (und Stil) weiß. Diese Teile sind verspielt, sinnlich und einfach supermodisch.

Mode-Einmaleins

Stringtangas

Der Stringtanga ist das älteste Kleidungsstück, das die Menschheit kennt. Er wurde bereits vor 75.000 Jahren von den Urmenschen getragen. Der Tanga war ursprünglich für Männer gedacht und kam bei den Frauen erst in den achtziger Jahren in Mode.

Meine Mutter hatte recht.
Wenn man am Boden ist,
kann man nur noch Seidenunterwäsche
anziehen und Proust lesen.

Jane Birkin

93.
Vans

Amerika ist gespalten – die Ostküste trägt Converse, die Westküste Vans. Warum nicht beide? Vans sind die Sneakers, die man trägt, um kalifornisch cool auszusehen. Außerdem haben Vans den Vorteil, dass man sie nach eigenem Wunsch designen kann – und diese »customized versions« sind echte Unikate.

Skater-Chic

- Die Customized-Version ist definitiv vorzuziehen. Seien Sie einzigartig, lautet die goldene Regel.
- Sie lieben den California-Girl-Look? Kombinieren Sie Vans mit einem superlässigen Sommerkleid.
- Vans geben selbst dem madamigsten Outfit Streetcred (siehe Kostüm, Nummer 51).

Mode-Einmaleins

Vans

Vans sind ein Kind der sechziger Jahre und eine SoCal-Legende – SoCal steht für Southern California. Die Skater der Westküste verhalfen der Firma zum Kultstatus. Skater in Manhattan Beach und Santa Monica stürmten die Läden und fragten nach Sonderanfertigungen (die Firma ist berühmt für ihre customized, sprich: speziell nach Kundenwunsch gefertigten, Versionen). Bald trug jeder Skater (und jeder Surfer) Kaliforniens Vans. In den achtziger Jahren landete die Firma dann den großen Erfolg, als ein kleiner Film namens *Ich glaub', ich steh' im Wald* in die Kinos kam. Spicoli (Sean Penn) trug ständig seine Vans mit dem Schachbrettmuster, und innerhalb weniger Wochen verkaufte die Firma Millionen Paare dieser Schuhe.

Ich brauch nur ein paar leckere Wellen und dieses coole Feeling, und ich fühl mich super.

Sean Penn als Jeff Spicoli in
Fast Times at Ridgement High (Ich glaub', ich steh' im Wald)

94.
Vintage

Zeigen Sie Stil. Mit Vintage-Stücken bekommt jedes Outfit eine individuelle Note, sie helfen Ihnen, sich von der Masse abzuheben. Es trägt niemand das gleiche Kleid, das Sie in dem Secondhandladen um die Ecke gefunden haben. Garantiert niemand. Aber das ist nicht der einzige Vorteil von Vintage. Sie können hier für einen Spottpreis eine Menge Designerstücke finden, wenn Sie wissen, nach welchen Marken Sie suchen müssen (einer Smokingjacke von YSL, einem A-Linien-Kleid von Courrèges oder einem wild gemusterten Stück von Pucci oder Missoni). Allerdings hat so ein Vintage-Kauf auch seine Tücken, und wenn man da nicht aufpasst, sieht man nicht schick aus, sondern billig.

Disziplin ist angesagt

- Das Stück sollte in einem 1-a-Zustand sein. Keine Knötchen, Flecken oder Verfärbungen. Die machen nämlich den Unterschied aus zwischen einem superschicken Look und einem abgerissenen Outfit.
- Es sollte Ihnen passen oder zumindest so groß sein, dass Sie es ändern können, damit es Ihnen passt. Aber Finger weg von allem, was zu klein ist.
- Designerkleider kaufen Sie im Vintage-Laden viel günstiger, wenn Sie wissen, wonach Sie Ausschau halten müssen – Missoni, Pucci, Alaïa.
- Am besten beginnen Sie Ihren Ausflug in die Vintage-Welt in der Accessoire-Abteilung. Mit Vintage-Schmuck und Clutches kann man eigentlich nichts verkehrt machen.

Insidertipps: **Vintage-Shops, die ich liebe**

- Los Angeles: Decades, Paper Bag Princess
- New York: What Goes Around Comes Around
- Miami: Rags to Riches
- Chicago: The Daisy Shop
- Boston: Second Time Around

W

Z Y

95.

Wayfarer

Die Ray-Ban-Wayfarer trugen alle – von Kim Novak bis Mary-Kate Olsen, von Bob Dylan bis Chloë Sevigny. Sie kam 1952 auf den Markt und machte sich die neue Plastiktechnologie der fünfziger Jahre zunutze. Das typische trapezförmige Design und die robusten Bügel sollten die Sonnenbrille maskulin wirken lassen, da sie ursprünglich als Männerbrille gedacht war. Doch als Kim Novak sie 1954 an der Côte d'Azur trug, wurde klar, diese Brille würde keine reine Männerbrille bleiben. So populär sie bei den Männern war – John Lennon und Roy Orbison trugen sie –, wirkte die Wayfarer an Audrey Hepburn (meiner Göttin) unglaublich feminin, als sie sie in *Frühstück bei Tiffany* trug. In den sechziger Jahren, als dieser Film herauskam, musste jedes Mädchen eine solche Brille haben. In den folgenden Jahrzehnten kam und ging die Wayfarer. Jetzt, da sie mehr als ein halbes Jahrhundert alt ist, denke ich, kann man sie ruhigen Gewissens als eine Brille bezeichnen, die immer da sein wird.

Brillenschlangen

- 1961: Audrey Hepburn in *Frühstück bei Tiffany*
- 1980: John Belushi und Dan Aykroyd in *Blues Brothers*
- 1983: Tom Cruise in *Lockere Geschäfte*
- 1984–1989: Don Johnson in *Miami Vice*
- 1985: Madonna in *Susan … verzweifelt gesucht*

Farewell Wayfarer

- Die rot und weiß gerahmten Varianten haben ihre Momente, aber die schwarze Version ist das ultimative Modell.
- Diese großen, mutigen Incognito-Sonnenbrillen werden weiterhin kommen und gehen, aber mit einer Wayfarer sehen Sie nie wie ein Fashion Victim aus.

Wir haben genug Benzin im Tank,
ein halbes Päckchen Zigaretten,
es ist dunkel, und wir tragen Sonnenbrillen.

The Blues Brothers

96.

Weißes Männerhemd

Am besten wirkt es – wie der Boyfriend-Cardigan (siehe Nummer 13) –, wenn es aus dem Schrank des Gatten gemopst wird. Aber man kann sich auch eins in der Männerabteilung kaufen. An einem Mann wirkt es knackig, adrett und konservativ. Kaum schlüpft jedoch eine Frau hinein, beginnt's zu zischen und wird heiß. Gedanken an den Morgen danach werden wach, was zutreffen kann, aber nicht muss, aber die Frage steht im Raum. Und vielleicht ist das der Grund, warum der Anblick einer Frau in einem weißen Männerhemd Frauen etwas eifersüchtig macht und Männer fasziniert. Aber bitte darauf achten, dass das Männerhemd auch wirklich ein Männerhemd ist (oder zumindest als solches durchgeht). Den taillierten Frauenversionen fehlt einfach der letzte Pfiff.

Wer hat eins? Oder besser: Wer nicht …

Brooks Brothers: Das beste bügelfreie Hemd auf dem Markt.
GAP: Klassischer geht's nicht.
Target: Greifen Sie zu, wenn sich die Gelegenheit bietet.
Der Kleiderschrank Ihres Lebensgefährten.

Weißglühend

- Das Hemd sollte einem Männerhemd so ähnlich wie möglich sein.
- Keine Perlenknöpfe, keine schicken, modischen Knöpfe und keine mit Stoff überzogenen Knöpfe.
- Am besten sind Perlmuttknöpfe (oder Knöpfe, die so aussehen), die mit einem dicken Faden im Kreuzstich angenäht sind.
- Halten Sie es einfach: Klassische Baumwolle oder feines Leinen sind perfekt.

Großartige Auftritte im weißen Männerhemd

- 1953: Audrey Hepburn in *Ein Herz und eine Krone*
- 1956: Elizabeth Taylor in *Giganten*
- 1990: Julia Roberts in *Pretty Woman*
- 1994: Uma Thurman in *Pulp Fiction*
- 1998: Sharon Stone auf dem roten Teppich der 70. Oscarverleihung

97.

Weite Hose

Für die weite Hose müssen wir uns bei Katharine Hepburn bedanken. Man kann sich in ihr frei bewegen, und sie hat Glamour. Eine wirklich seltene Kombination. Es heißt, 1938, bei den Dreharbeiten zu *Leoparden küsst man nicht*, sei die Hepburn am Set ständig in Hosen herumgelaufen. Als man sie bat, das sein zu lassen, weigerte sie sich. Daraufhin waren eines Tages sämtliche Hosen aus ihrer Garderobe verschwunden. Die Hepburn ließ sich davon nicht erschüttern und lief einfach in ihrer Unterwäsche herum, bis ihre Hosen wieder auftauchten. Katharine und Marlene Dietrich (siehe Smokingjacke, Nummer 83) waren die Vorreiterinnen, als es darum ging, sich aus dem Kleiderschrank der Männer zu bedienen … und dafür zu sorgen, dass die Männer sich die gestohlenen Sachen nicht zurückholen.

Ich bin gern schnell unterwegs,
was mit hohen Absätzen nicht einfach ist,
und niedrige Absätze zu einem Rock
sehen nicht gerade attraktiv aus.
Also lief's auf Hosen hinaus.

Katharine Hepburn

Weit, weiter, am weitesten

- Kombinieren Sie weite Hosen nur mit knapp geschnittenen Oberteilen, um die Stoffmassen unten auszubalancieren.
- Suchen Sie nach einer Hose mit Aufschlag und tragen Sie die Hose keinesfalls zu kurz – das sieht nämlich gar nicht gut aus!
- Vorn gerade geschnitten ist schmeichelhafter als Bundfalten.
- Achten Sie auf die Platzierung der Taschen – Sie haben bestimmt etwas gegen Taschenklappen auf den Hüften, die diese breiter statt schmaler wirken lassen.
- Am zeitlosesten sind weite Hosen in Schwarz, Weiß, Beige oder in Nadelstreifen.

98.
Wickelkleid

In den siebziger Jahren machte Diane von Fürstenberg das Wickelkleid zum ultimativen Kleid für Frauen – unabhängig von ihrer Figur oder Kleidergröße. Wenn es ein Kleid gibt, das nur schmeicheln will, dann ist es das Wickelkleid. Es betont die richtigen Stellen, und über die anderen schwindelt es elegant hinweg. Und dank dem Band in der Taille können Sie so lange damit spielen, bis es perfekt sitzt. So sind Sie jedes Mal, wenn Sie das Wickelkleid anziehen, Ihre eigene Änderungsschneiderin. Und Ihre eigene experimentierfreudige Stylistin, denn das Wickelkleid ist so zeitlos, dass es zu kreativen Spielereien geradezu einlädt.

Eingewickelt

- Kaufen Sie sich eins aus Jersey, daraus wurde das Wickelkleid ursprünglich gemacht, weil Jersey am kurventauglichsten ist.
- Nehmen Sie ein gemustertes Wickelkleid, das Muster sorgt für Flair. Bei diesem zeitlosen Stück dürfen Muster und Farben ruhig ausgefallen sein.
- Probieren Sie es mit Stiefeln oder Stilettos. Sie können es auch zur Jeans tragen. Der Punkt ist: Kombinieren Sie es mit allem.

Mode-Einmaleins

Diane von Fürstenberg

In den siebziger Jahren arbeitete Diane von Fürstenberg in einer kleinen Fabrik und begann mit Jersey und kleinen Wickeltops zu experimentieren. Dabei kam ihr die Idee, aus den Tops Kleider zu machen, und das schlug wie eine Bombe ein. 1975 verkaufte sie fünf Millionen Wickelkleider und landete auf dem Cover der *Newsweek* und des *Wall Street Journals*. »Ich entwerfe Mode für die Frau, die es liebt, eine Frau zu sein«, sagte sie. Und wenn man sich Form und Funktion ihrer Wickelkleider ansieht, weiß man, das ist ihre tiefste Überzeugung. Jedes Detail dient dazu, den weiblichen Körper vorteilhaft zu betonen. In den frühen achtziger Jahren hörte sie auf, Mode zu entwerfen, und konzentrierte sich auf andere Tätigkeitsfelder (zum Beispiel Kosmetik), aber 1997 kehrte sie zurück, und jetzt brauchen wir uns nicht mehr um die Vintage-Kostbarkeiten zu prügeln (wobei ich mich wahrscheinlich nicht werde zurückhalten können, wenn ich eins sehe, das ich haben muss).

Das Leben ist ein Risiko.

Diane von Fürstenberg

99.

Yogakleidung

In einem ausgeleierten Sweatshirt und einer alten Jogginghose hat noch nie jemand den inneren Frieden erreicht. Work-out-Kleidung muss genauso passen wie jede andere Kleidung. Alte, ausgeleierte oder ausgebleichte Sportkleidung gehört ausgemustert! Sie verdienen es, in diesen Fitnessstudiospiegeln gut auszusehen – schließlich haben Sie es ins Fitnessstudio geschafft (ein Sieg an sich), also sollten Sie sich auch nette Sachen zum Schwitzen und Stretchen zulegen, wenn Sie schon mal da sind. Aber versprechen Sie mir eins: Tragen Sie sie nicht im Flugzeug. (Viele glauben, hübsche Yogasachen oder gar ein hübscher Jogginganzug wären ideal fürs Flugzeug. Welch ein Irrtum.)

Wunschzettel: **Nuala und Mahanuala**

Nuala, ein Akronym für Natural Universal Altruistic Limitless Authentic, ist die Yogakollektion von Christy Turlington für Puma. Die Sachen sind nicht nur yogafreundlich, sie sind auch so stylisch, dass man sie ruhigen Gewissens auf der Straße tragen kann (was man von einem Supermodel auch erwartet). Eine weitere Kollektion, Mahanuala, ebenfalls von Christy, entstand 2004, und richtet sich mehr an den ernsthaften Yogi. Christy erklärte, sie habe beide Kollektionen aus schierer Notwendigkeit entworfen, da jede andere Marke synthetische Materialien und absonderliche Farben verwendete.

100.
Zopfpulli

Die Pullover mit Zopfmuster, auch als Aran-Pullover bekannt, kommen ursprünglich aus Irland, haben aber inzwischen für Amerikaner ein typisches Neuengland-Image (denken Sie einfach an Ali McGraw in *Love Story*). Der Zopfpulli wird immer etwas Klassisch-Adrettes (à la Ralph Lauren) haben, aber er kann sich auch auf dem Laufsteg sehen lassen (googeln Sie, wie Michael Kors und Chloé den Klassiker neu interpretierten). Es gibt einen Zopfpulli für jeden Stil. Suchen Sie, was zu Ihnen passt, und Sie haben immer was zum Kuscheln. Für welche Version Sie sich auch entscheiden, Ihr Zopfpulli ist das Kleidungsstück der Wahl für bequeme, ungezwungene Momente, in denen Sie zugleich unglaublich stylisch aussehen möchten. Denn der Zopfpulli strahlt genau diese lässige Gleichgültigkeit aus (»Ach, das hab ich nur schnell übergestreift …«). Und er sendet zugleich eine Botschaft höchsten Stilbewusstseins (»… aber ich wusste, was ich tat.«).

Und man sollte mit allem eine Botschaft verbinden.

*Ich trag meine Pullis immer verkehrt herum –
Rückteil vorn, Vorderteil hinten.
Es ist so viel schmeichelhafter.*

Diana Vreeland

Insidertipps: **Die Unterschiede**

- Lässig fürs Wochenende: Kombinieren Sie eine grob gestrickte, beige Version mit einer in Motorradstiefeln steckenden Röhrenjeans.
- Superschick: Tragen Sie einen weißen, schmalen Zopfpulli zu einer weißen Hose und darüber einen Kamelhaarmantel.
- Supermodern: Ein Kaschmirpulli in Kleidform und dazu ein Gürtel und Stiefel.
- Adretter Collegestil: Bleiben Sie klassisch und tragen Sie einen Zopfpulli von J. Crew mit Chinos und Mokkasins.

Zopfmuster

- In Weiß ist der Zopfpulli ideal für die Reise, da er praktisch zu allem passt, was Sie im Koffer dabeihaben.
- Kombinieren Sie den Zopfpulli mit einer schmalen Hose, um das Volumen oben auszugleichen. Mit Volumen oben und unten kommen Sie als Tonne rüber. Die Balance ist entscheidend.
- Der Zopfpulli ist wieder so ein Teil, das man wunderbar in der Männerabteilung bekommt. Aber achten Sie darauf, dass er passt (denn falls Sie es noch nicht bemerkt haben: Die Jungs sind anders gebaut als wir).
- Wer die Ausgabe nicht scheut: Die ultimative Mode-Version bekommen Sie bei Chloé. Halten Sie den Rest einfach – die Haare, das Make-up, den Schmuck. Dann wirkt der Pulli wie eine bewusste Wahl und nicht wie eine faule Ausflucht. Und eine stylische Frau kennt keine faule Ausflucht.

Zum Abschied

Die Zyklen der Mode sind inzwischen erschreckend kurz geworden, ein Trend jagt den anderen. Und je mehr Trends, desto mehr Wahlmöglichkeiten. Wir haben das Gefühl, kaum mehr mithalten zu können. Keine Sorge. Lassen Sie sich von diesen modischen Ablenkungen nicht aus der Ruhe bringen. Sie sind nicht die Frau, die sich von Trends abhängig macht. Sie haben Ihren eigenen Stil und keine Angst, Ihre hundert Lieblingsstücke immer wieder zu tragen (und mit dem einen oder anderen trendigen Teil zu kombinieren, wenn Sie Lust dazu haben). Aber denken Sie daran – Wiederholung ist ein Zeichen von Stil. Es gibt ein Wort für Frauen, die jeden Tag in einem neuen Outfit rumlaufen: Fashion Victims.

Wenn Sie Ihren Look ständig ändern, kommt das so rüber, als seien Sie verwirrt. Außerdem berauben Sie sich dadurch der Chance, Ihren eigenen Stil zu entwickeln. Wenn Sie jedoch in die Kleidung und die Accessoires investieren, die Sie lieben und in den kommenden Jahren genauso lieben werden, werden das *Ihre* Stücke. Und wenn Sie diese immer wieder tragen – die Halskette, die ein Erbstück Ihrer Mutter ist, Ihre alte Chaneljacke, das kleine Schwarze, das Ihnen wie angegossen passt –, werden diese Stücke ein Teil von Ihnen. Sie zeigen damit der Welt, dass Sie wissen, wer Sie sind. Sie sind kein Fashion Victim. Sie sind ein Original. Fangen Sie an, sich auch so zu kleiden.

Nina

Dank

Ein großes Danke an meine Familie und meine Freunde, für all die Inspiration und Unterstützung. Ich kann mich glücklich schätzen, von einem Netzwerk der talentiertesten und intelligentesten Menschen umgeben zu sein, die man sich vorstellen kann.

Mein Dank gilt Ruben Toledo für seine großartigen Illustrationen. Sein Talent ist ein Schatz, der der ganzen Welt gehört. Jedes Detail ist ein Kunstwerk, und es ist mir eine Ehre, meinen Namen neben seinem gedruckt zu sehen. Und natürlich Isabel Toledo, der Frau neben dem Mann (die immer auf den Punkt perfekt gekleidet ist – sie ist die Verkörperung der Frau mit einer perfekten Garderobe).

Rene Alegria für seine ansteckende Hingabe. Ohne ihn und seine sanfte (aber feste!) Führung gäbe es dieses Buch nicht.

Marissa Matteo ist ein Energiebündel. Dank ihr lief die Arbeit wie am Schnürchen. Mitzuerleben, wie komplex sie denkt, ist fantastisch.

Shubhani Sarkar ist ein Genie. Punkt. Um ihr Gefühl für Ästhetik würden sie in der Modewelt alle beneiden.

Allen bei HarperCollins für ihre aufopferungsvolle Arbeit, ohne die dieses Buch nicht so geworden wäre, wie es ist. Besonders hervorheben möchte ich die talentierte Melinda Moore, Amy Vreeland, Grace Veras, Susan Kosko, Lorie Pagnozzi, Carla Clifford, Angie Lee, Felicia Sullivan, Samantha Hagerbaumer, Janina Mak, Andrea Rosen, Paul Olsewski, Michelle Dominguez, Doug Jones, Margot Schupf, Mary Ellen O'Neill und Steve Ross.

David und Lucas Conrod, dank derer es ein Vergnügen war, nach Hause zu kommen … und die mir endlos Entschuldigungen lieferten, in den Park zu gehen. Sie sind meine wahre Inspiration.

Allen bei *Project Runway*, allen, die sich bei dieser Castingshow für Modedesign bewarben. Bravo, Lifetime und The Weinstein Company, dass sie dieser Show zu einem solchen Erfolg verhalfen.

Und natürlich der Mode-Industrie mit all ihrer Schönheit und ihren Möglichkeiten. Ich glaube an das, was ich tue, und daran, wer wir sind. Ich werde es nie aus den Augen verlieren.

Personen und Labels

Sachregister